走向
可持续的
未来

中小学
可持续发展教育
理论与案例设计

陈晓萍　侯小英　主编

中国大百科全书出版社

图书在版编目（CIP）数据

走向可持续的未来 ： 中小学可持续发展教育理论与
案例设计 / 陈晓萍，侯小英主编. -- 北京 ： 中国大百
科全书出版社，2022.7

ISBN 978-7-5202-1158-1

Ⅰ.①走… Ⅱ.①陈… ②侯… Ⅲ.①中小学教育—
可持续性发展—研究 Ⅳ.①G632.0

中国版本图书馆CIP数据核字（2022）第105231号

走向可持续的未来：中小学可持续发展教育理论与案例设计

责任编辑：黄佳辉

责任印制：邹景峰

出版发行：中国大百科全书出版社

地　　址：北京市西城区阜成门北大街 17 号　　邮编：100037

网　　址：www.ecph.com.cn　　　　　　　电话：010-88390718

封面设计：吾然设计工作室

印　　刷：北京九天鸿程印刷有限责任公司

字　　数：200 千字

印　　张：13

开　　本：710 毫米 ×1000 毫米　1/16

版　　次：2022 年 7 月第 1 版

印　　次：2022 年 7 月第 1 次印刷

书　　号：978-7-5202-1158-1

定　　价：68.00 元

序一

2021 年 5 月，联合国教科文组织世界可持续发展教育大会在柏林举行，来自 130 个国家约 2500 名各界代表参加了会议。他们对《可持续发展教育柏林宣言》中的紧急行动呼吁达成一致："需要采取紧急行动来应对世界面临的各种挑战，特别是气候危机、生物多样性的大规模丧失、污染、疫情、极端贫困和不平等，以及其他危及我们星球生命的环境问题、社会问题和经济危机。"同时，联合国大会也认为开展可持续发展教育是实现联合国可持续发展目标（Sustainable Development Goals，SDGs）的关键因素。

可持续发展教育的重点是教学法，因为可持续发展教育不仅要提供该领域的专业知识，还要教学生应对未来的复杂性和不确定性。这种"变革性"的学习方法得到了汉斯·赛德尔基金会的支持。我们与浙江省中小学教师培训中心、联合国可持续发展教育（杭州）专业区域中心的合作，致力于改变教学实践过程和课程设计方法，提升可持续发展教育的优先级。教育工作者是可持续发展教育中重要的一环，他们帮助学生发展个人能力。本书为联合国可持续发展的 17 个目标设计了详细的教学案例，旨在帮助他们以实用的方式有效地开展可持续发展教育。

在此，我衷心感谢本书作者及浙江省中小学教师培训中心、联合国可持续发展教育（杭州）专业区域中心对本书的大力支持！

马库斯·费尔伯

汉斯·赛德尔基金会（HSS）主席

中国的可持续发展教育是在环境教育的基础上逐渐发展演变而来的。在1973年召开的全国环境保护会议上，首次提出了"环境教育"的概念。1983年，联合国大会通过成立"世界环境与发展委员会"——研究人类发展面临的种种严峻挑战；1987年，世界环境与发展委员会发表了报告《我们共同的未来》，报告以可持续发展思想为指导，对人类在经济发展与环境保护方面存在的矛盾和问题进行了全面而系统的评价。1992年，在巴西里约热内卢召开的联合国环境与发展大会通过了《二十一世纪议程》，将可持续发展从理论和概念探讨阶段推向了实际行动阶段。在这一系列的努力之下，"可持续发展教育"逐渐成为一个核心概念，并慢慢取代了"环境教育"的概念。

随着全球"可持续发展教育"理念的提出与发展，中国在原有环境教育的基础上，于20世纪90年代开始开展可持续发展教育。2015年，德国汉斯·赛德尔基金会与浙江省教育厅合作，通过浙江省中小学教师培训中心在上海与浙江两地各选择了10所小学开展可持续发展教育研究与实践。课题组围绕联合国可持续发展目标，开发了10个模块的可持续发展教育课程，并取得了良好的效果。

在可持续发展教育持续推进的背景下，浙江外国语学院的联合国可持续发展教育（杭州）区域专业中心联合杭州市学军小学、"绿色浙江"、阿里巴巴公益基金会等学校与组织创新性地开展了"小河长"青少年护水计划。该项目的实践成果获得浙江省基础教育教学成果一等奖。

2022年，浙江省中小学教师培训中心联合"绿色浙江"、阿里巴巴公益基金会在杭州市学军小学、杭州师范附属小学、百丈镇中心小学开展以推进可持续发展教育为目标的"预备益"项目。这一项目旨在通过助力双减政策下的校内课程学习、课后服务、实践活动，以及校外的公益活动等方式，让孩子们深刻理解可持续发展的理念，并在公益活动中培育公民所需要的同理心、共情力以及合作精神，拓展孩子们的国际视野。

在这些非常有意义的活动开展之际，由汉斯·赛德尔基金会联合浙江省中小学教师培训中心组织编写的《走向可持续的未来——中小学可持续发展教育理论与案例设计》一书有着特殊的价值。我期待这些研究和成果在浙江省可持续发展教育联盟学校中可以不断推广运用，也期待更多的省内外学校加入推进可持续发展教育的队伍中来，一起建设可持续的未来。

吴卫东
浙江省中小学教师培训中心常务副主任

序三

　　如今，气候变化、环境污染、资源短缺这些词语离我们越来越近了，一系列全球性问题也让我们意识到，可持续发展已经成为各领域发展的共同目标。人，是可持续发展的核心，因此，可持续发展教育也成为人们走向可持续未来的关键。

　　在德国，"可持续发展教育"与"环境教育"已经被列入了基础教学课程。这是希望孩子们可以从小意识到与环境和谐相处的必要性，了解生命的循环更迭，通过不同的实践活动帮助他们获得与自然相处的知识和技能，从而使可持续的生活方式能贯穿他们的终生。这也是联合国教科文组织颁布的《2030年教育行动框架》中的愿景。而这一切的实现，都离不开优秀的教师与优质的教学方法。

　　可持续发展教育不仅仅是将可持续生产与消费、气候变化等议题融入现有课程中，还需要教师采用不同的教学方法，创造以学生为中心的互动式学习方式，从教师"教"转向学生主动"学"。这注定是一场深层次、漫长的变革。为此，德国汉斯·赛德尔基金会邀请行业专家编写了这本书，阐释了可持续发展教育理论、分享了丰富的案例，与德国国际合作机构（GIZ）资助出版的《可持续发展之旅：垃圾王国17遇》在内容上互相补充。希望所有读者都能在阅读中有所收获，也愿这两本书可以为可持续发展贡献绵薄之力，为你的生活带来些许变化。

Thorsten Giehler（吉乐）
德国国际合作机构驻华首席代表

IV

在世界各国都力求跟上技术和全球化发展步伐的今天，人们遇到了许多新的挑战。这些挑战包括：世界的复杂性和不确定性日益增加；人们更具个性，社会变得愈加多样化；经济差距扩大；赖以生存的生态系统遭到破坏，等等。人们必须学会理解自己生活的这个世界的复杂性，从而合作采取积极的行动，变革我们的世界。

2015 年 9 月 25 日，联合国大会通过了《变革我们的世界：2030 年可持续发展议程》。议程的核心是 17 项可持续发展目标。这些普遍的、具有变革意义的、包容的可持续发展目标描述了人类面临的重大发展挑战。17 项可持续发展目标旨在确保现在和将来地球上每一个人都能享有可持续、和平、富足和公平的生活。这些目标涉及的全球挑战对人类的生存至关重要。

要走上可持续发展的道路，我们需要彻底转变思考和行动的方式。每个人都必须成为可持续性变革的推动者，这样才能创造一个更加可持续的世界。可持续发展教育的势头从未如此强劲！

气候变化等全球问题迫切要求我们转变生活方式、思维方式和行为方式。要实现这种改变，我们需新的技术、价值观和态度，教育是实现这种变革的关键，是实现所有可持续发展目标的途径和手段。面对这些迫切的需求，教育系统必须厘清相关的学习目标和学习内容，引进能增强学习者能力的教学法，敦促各教育机构在其管理结构中纳入可持续发展教育。

更重要的是，我们急需培养智慧的、强有力的、具备可持续发展知识的教育者。教育的变革要依靠教师的推动，当教师成为教育变革的引领者、执行者时，新的教与学的征程才真正开始了。

为了让教师做好促进可持续发展教育的准备，必须培养教师可持续发展方面的能力（包括知识、技能、动机等）；同时，教师还应通过一系列创造性的教学实践，帮助学习者开发可持续发展方面的能力。

本书从构思到完成写作，正是基于这样的目标，期望能够为中小学可持续发展教育提供一定的帮助。本书制订了中小学生的可持续发展学习目标与相应的评价指标，并搭配编写了创新性的教学活动设计，以有效地推动可持续发展教育师资力量的发展与壮大。

本书一方面可搭配《可持续发展之旅：垃圾王国17遇》来阅读，帮助教师了解可持续发展目标及其核心概念。《可持续发展之旅：垃圾王国17遇》一书旨在让人们意识到，环境问题是一项系统工程。17个目标之间有着千丝万缕的联系，涉及社会、环境、文化和经济等诸多方面的问题，不同目标之间也会有交叉的内容，垃圾处理便是可持续发展中的一个重要问题。

另一方面我们希望通过一些国内外的典型案例，向大家展示如何在中小学阶段结合各个学科内容开展可持续发展教学活动。对于17个可持续发展目标的解读，我们在参考了联合国教科文组织的相关文献资料后，选取了中小学生能理解、较为贴近他们生活，同时兼顾教师需求的内容。书中教学目标的梳理我们主要参考了联合国教科文组织编写的《教育促进实现可持续发展目标 学习目标》一书。书中的学习目标涵盖了各个年龄段，我们根据教育部提出的"三维目标"要求，从社会情感、行为和认知三大领域进行了选取和改写。通过《可持续发展之旅：垃圾王国17遇》也可看出，可持续发展教育案例设计最大的特点就是"跨学科"；从教学法方面来看，特别强调实践与行动。这两个特点决定了本书的案例设计以"项目式学习"活动为主。在案例设计的目标和评价部分，我们采用了德国中小学生促进可持续发展的八大关键能力目标，每个案例根据不同的教学目标加以细化和说明。

本书是浙江省中小学教师培训中心与德国汉斯·赛德尔基金会合作的中小学可持续发展教育项目的一项成果。在项目实施过程中，德国汉斯·赛德尔基金会在可持续发展专业方面，以及经费方面都对本项目给予了很大帮助，特别是基金会杭州办事处前主任雷诺先生为本书的策划和组织做了大量的工作。本书的研究工作得到了浙江省中小学教师培训中心的指导，以及湖州市吴兴区教育局教学研究与培训中心的大力支持；由湖州市吴兴区教育局教学研究与培训中心副主任侯小英老师组织，科学教研员朱颂伟老师及科学老师黎作民、王伟兰、徐明夏参与案例的编写和修改工作。本书案例的实践活动在浙江省中德合作环境教育基地吴兴区湖州市爱山小学和杭州市胜利山南小学开展，杭州市胜利山南小学的顾云涛老师也参与了本书案例的编写和修改。最后，我们不能忘记远在美国的潘瑶珍博士，她参与了本书前期诸多的准备工作，参与了提纲的讨论，提供了第一章的写作资料，并在书稿完成后为全书提出了宝贵的建议。最后，对所有关心和参与项目研究及本书编写工作的老师表示最深的谢意！

陈晓峰

目 录

第一章 可持续发展教育的理论基础

第二章 中小学可持续发展教育的教学论

第三章　可持续发展教育案例设计

可持续发展教育的理论基础

可持续发展作为一种具有包容性的、富有远见的发展战略，是人类面对全球性的环境和发展问题，基于对传统发展方式的反思提出的。而教育是落实可持续发展战略目标的关键，是走向可持续发展的根本大计。

从理念产生到概念明晰，到政策与项目的推进，可持续发展教育在各国的教育政策与教育实践中不断被强化，并产生了巨大的影响力。要理解可持续发展教育，首先要了解这一领域的关键概念，知晓可持续发展教育是如何产生，如何发展起来的，才能真正体会可持续发展教育的本质，形成正确的教育体系和方法论。

可持续发展教育的关键概念

可持续发展教育的关键概念主要包括：可持续发展、可持续发展目标和可持续发展教育。理解可持续发展和可持续发展目标，是理解可持续发展教育的前提与基础。

一、可持续发展

可持续发展（Sustainable Development）一词最早见于美国海洋生物学家蕾切尔·卡森（Rachel Carson）在 1962 年出版的著作《寂静的春天》。这本书以寓言开头，向我们描绘了一个美丽村庄的突变，从陆地到海洋，再到天空，全方位地揭示了化学农药对人类环境产生的影响。《寂静的春天》是世界环境保护运动的开山之作，引起了学术界和工业界的强烈争议，引发了人们对环境问题的关注与讨论。

受到《寂静的春天》的号召，1968 年，来自 10 个国家的 30 位科学家、教育家、经济学家和实业家在意大利罗马成立了"罗马俱乐部"（Club of Rome），关注、探讨与研究人类面临的这一共同问题。"罗马俱乐部"于 1972 年出版了研究报告《增长的极限》，围绕"环境危机""石油危机"等问题，展开了一场世界性的争论——停止增长还是继续发展。这份报告根据数学模型预言：在未来一个世纪中，人口和经济的增长将导致地球资源耗竭、生态破坏和环境污染。除非人类自觉限制人口增长和工业发展，否则这一悲剧将无法避免。这份研究报告所体现的对人类前途的忧虑已经隐含了对"增长""发展"的怀疑。

20 世纪 80 年代，"可持续发展"一词逐渐出现在更多的文本中。世界环境与发展委员会在 1987 年发表了研究报告《我们共同的未来》，其主要观点是：环境危机、能源危机和发展危机不能分割，地球的资源和能源远不能满足人类发展的需要，必须为当代人和后人的利益改变发展模式。该报告还指出：我们需要有一条新的发展道路，这条道路不是仅能在若干年内、在若干地方支持人类进步的道路，而是一直到遥远的未来都能支持全人类进步的道路。报告将这条道路定名为"可持续发展"。《我们共同的未来》对"可持续发展"这一概念做出了最早的界定，即"可持续发展是既能满足当代人的需要，又不对后代人满足其自身需求的能力构成危害的发展"。这个定义是目前为止全世界范围内使用最广泛的概念。

可持续发展的概念包含了文化、社会、生态、经济等方面的可持续发展。即把可持续发展作为一个综合的概念来考虑。其中文化的可持续发展意味着应保持文化群体的多样性，对人类的传统文化和传统价值给予鼓励并充分认识到其重要性，包括文化与生存方式、不同环境下的人类的行为和信仰、历史和传统、人类的生活等。经济的可持续发展意味着所有的生产过程和实施的项目都必须最大限度地考虑到未来几代人的利益，取决于目前的政策或行动是否危机了未来的发展。经济的可持续发展包括生态和资源节约型技术的使用、国家环保和税收政策、生态清洁产品的投资和补贴等方面。社会的可持续发展主要体现在和平、公平和对人权的尊重，包括了生活质量、幸福感、生态伦理、社会福祉等。生态的可持续发展意味着人类需要认识到其他物种的生存和福祉是自然发展过程的根本，强调了保护自然系统和关心爱护其他生命体的重要性。总的来说，不管人们对于可持续发展的定义有多少种描述，基本上都是围绕这几个方面来展开的，可持续发展就是要在经济、社会、文化和生态的发展和需求之间寻求一种平衡。

二、可持续发展目标

可持续发展目标是随着可持续发展理念的产生、发展和完善逐渐清晰和成熟起来的。可持续发展理念的发展与联合国召开的多次环境与发展的会议密切相关，其中以三个里程碑式会议为代表。第一个里程碑是 1972 年在瑞典斯德哥尔摩召开的联合国人类环境会议，会议通过了具有标志性意义的《人类环境宣言》，号召所有组织和个人保护环境、改善环境质量。第二个里程碑是 1992 年在巴西里约热内卢召开的联合国环境与发展会议，这次会议超越了单一对环境议题的关注，通过了著名的《里约环境与发展宣言》（即《地球宪章》与《二十一世纪议程》）。《二十一世纪议程》是世界范围内的可持续发展行动计划，内容涉及与全球发展有关的各个领域，包括社会和经济的可持续发展、可持续发展的资源保护和管理、加强各主要团体的作用及实施手段。第三个里程碑是 2002 年在南非约翰内斯堡召开的可持续发展世界首脑会议，会议正式明确了可持续发展的三大支柱是环境保护、经济与社会发展。

回顾可持续发展理论形成的历史我们可以看到，人们从对环境与发展的关系的关注延伸到了对经济、社会、环境、政治等的共同发展的关注，然后又扩展到了对后代的生活环境的关注。2012 年，各国领导人与民间社会团体再聚里约热内卢，通过了《我们憧憬的未来》，明确提出"可持续发展是每一个国家、每一个组织、每一个人的共同责任"，并表示 2015 年，对促进可持续发展的《二十一世纪议程》行动计划和旨在消除贫穷的千年发展目标等国际项目进行整合，逐步纳入可持续发展目标的框架体系中。

2015 年 9 月，联合国可持续发展峰会正式通过了《变革我们的世界：2030 年可持续发展议程》，简称《2030 年可持续发展议程》，其核心是确立了 17 项可持续发展目标（Sustainable Development Goals，SDGs）。这些普遍的、具有变革意义的、包容的可持续发展目标描述了人类面临的重大发展挑战。17 项可持续发展目标旨在确保现在和将来地球上每一个人都能享有可持续、和平、富足和公平的生活。可持续发展目标设定了自然环境的承载限度，也为自然资源的使用设定了关键阈值。这些目标确认经济建设必须与生态保护齐头并进。在应对气候变化和环境保护问题的同时，这些目标还针对一系列的社会需求，包括教育、健康、社会保障和工作机会。可持续发展目标涉及阻碍可持续发展的关键的系统性障碍，例如，不平等、不可持续的消费模式、薄弱的机构能力和环境退化。17 项目标涉及的全球挑战对人类的生存至关重要，这一全新的全球框架体系旨在改变人类的前进方向，引领人类走上可持续发展的道路。

联合国可持续发展目标（SDGs）

目标	概述
1. 无贫穷	在全世界消除一切形式的贫困
2. 零饥饿	消除饥饿，实现粮食安全，改善营养状况和促进可持续农业
3. 良好健康与福祉	确保健康的生活方式，促进各年龄段人群的福祉
4. 优质教育	确保包容和公平的优质教育，让全民终身享有学习机会
5. 性别平等	实现性别平等，增强所有妇女和女童的权能
6. 清洁饮水和卫生设施	为所有人提供水和环境卫生并对其进行可持续管理
7. 经济适用的清洁能源	确保人人获得负担得起的、可靠和可持续的现代能源
8. 体面工作和经济增长	促进持久、包容和可持续经济增长，促进充分的生产性就业和人人获得体面工作
9. 产业、创新和基础设施	建造具备抵御灾害能力的基础设施，促进具有包容性的可持续工业化，推动创新
10. 减少不平等	减少国家内部和国家之间的不平等
11. 可持续城市和社区	建设包容、安全、有抵御灾害能力和可持续的城市和人类住区
12. 负责任的消费和生产	采用可持续的消费和生产模式
13. 气候行动	采取紧急行动应对气候变化及其影响

续表

目标	概述
14. 水下生物	保护和可持续利用海洋和海洋资源以促进可持续发展
15. 陆地生物	保护、恢复和促进可持续利用陆地生态系统，可持续管理森林，防治荒漠化，制止和扭转土地退化，遏制生物多样性的丧失
16. 和平、正义与强大机构	创建和平、包容的社会以促进可持续发展，让所有人都能诉诸司法，在各级建立有效、负责和包容的机构
17. 促进目标实现的伙伴关系	加强执行手段，重振可持续发展全球伙伴关系

注：表格内容出自《变革我们的世界：2030 年可持续发展议程》。

2021 年 10 月 12 日，习近平总书记在《生物多样性公约》第十五次缔约方大会领导人峰会上发表题为《共同构建地球生命共同体》的主旨讲话。习近平指出，良好生态环境既是自然财富，也是经济财富，关系经济社会发展潜力和后劲。

联合国可持续发展各项目标都体现出生态和经济社会兴衰与共这一主题，所以为了全球的可持续发展，做好经济社会发展和生态文明建设的统筹发展势在必行。

三、可持续发展教育

尽管"可持续发展教育"一词在学术文献和国家政策文件中被广泛使用，但对于其概念的定义仍未有统一的表述。在联合国教科文组织发布的官方文件中，也提供了关于可持续发展教育多个版本的内涵界定，例如：

"可持续发展教育使学习者能够在尊重文化多样性的同时，为当代和后代的环境完整性、经济可行性和公正社会做出知情的决策和负责任的行动。这是一种终身性的学习，也是素质教育不可或缺的一部分。可持续发展教育是一种全面的变革式教育，涉及学习内容、学习成果、教学法和学习环境，通过改变社会来实现其目标。"

"可持续发展教育通常被理解成这样一种教育：它致力于促成学习者在知识、技能、价值观和态度层面的改变，目标是为所有人创造一个更加可持续和公正的社会。可持续发展教育旨在赋权当代及后代公民，使他们能够通过一种平衡经济、社会和环境的可持续发展的综合方式来满足自身的需求。"

"可持续发展教育使每个人都能获得相应的知识、技能、价值观和态度，使他们能够为可持续发展做出贡献，并为今世后代的环境完整性、经济可行性和公众社会做出知情决策及负责任的行为……可持续发展教育有助于促进批判性思维、理解复杂系统、想象未来场景和以参与协作的方式做决策等一系列能力。"

"可持续发展教育培养技能、价值观和态度，使公民能够过上健康和充实的生活，做出明智的决策，并应对当地和全球的挑战。"

尽管对于可持续发展教育的概念有不同界定，但其中存在一些基本的共性，可归纳为以下四点：第一，和教科文组织倡导的其他教育种类一样，可持续发展教育本质上是一个赋能过程；第二，可持续发展教育的直接目标是使学习者获得相应的知识和技能，并形成特定的态度和价值观；第三，可持续发展教育的根本目标是促成学习者行为的改变，使他们成为更负责任的"可持续发展公民"，为地区和全球层面的可持续发展做出贡献；第四，可持续发展需要在经济、社会和环境三个相互影响的维度之间取得平衡。换言之，可持续发展教育不仅仅是要传授知识和技能，还需要培养学习者面向可持续发展的态度和价值观，最终在行为层面发生改变，并成为"可持续发展公民"。

可持续发展教育的目标旨在使个人拥有必要的意愿和能力，从当地和全球的角度考虑自己当前的行为对未来的社会、经济和环境的影响，以可持续的方式生活与行动，逐步推动社会向可持续发展方向迈进。可持续发展教育致力于使学习者能够采取负责任的行为，为创造可持续社会做出贡献。

第二节

国际可持续发展教育的
发展脉络与核心内容

伴随着可持续发展的历史演进，可持续发展教育经历了环境教育、环境人口与可持续发展教育、可持续发展教育三个发展阶段。在国际可持续发展教育发展中，联合国教科文组织起着关键的引领、指导与执行的作用，并对可持续发展教育的学习目标与关键能力做出了清晰的阐述。

一、国际可持续发展教育的发展脉络

（一）环境教育

1972 年召开的联合国人类环境会议，可以看作是环境教育的开端。会议强调在正规教育与非正规教育中开展环境教育。随后，环境教育开始在各国展开。

1975 年，联合国教科文组织和环境规划署召开了环境教育研讨会，并发布了《贝尔格莱德宪章》。会议对环境教育的框架进行界定，并将环境教育的目标设定为："培养人们了解和关心环境问题，并教人们获得解决当前，以及预防未来环境问题所需的知识与技能、态度、意愿、恒心。"环境教育开始在全球范围内进行推广和实施。

1977 年，在环境教育发展史上具有里程碑意义的第比利斯政府间环境教育会议正式召开。会议发表的《第比利斯宣言》，对环境教育的概念、目标、原则等进行了确定。值得一提的是，环境教育概念首次引进了终身教育的内涵，指出环境教育是一种系统的终身教育形式，这种形式是对不断变化的客观世界的反映，这种教育将教会人们在一生中不断理解当前世界所面临的困境，使人们获得相应的态度和技能，在道德框架内改善生活及保护环境。环境教育突破了以往以环境知识为主的教育，进而涵盖环境意识、环境知识、环境技能、环境态度、环境行动五个方面。全球环境教育的基本框架正式确立。

（二）环境人口与可持续发展教育

以《我们共同的未来》报告的发表为契机，1988 年，从对环境教育整合的视角出发，联合国教科文组织提出了"可持续性教育"（Education for Sustainability）的概念。将环境教育主要归结为环境知识教育的认识和实践局限得以突破。

随着《二十一世纪议程》的发布，环境教育开始发生改变，联合国教科文组织提出了环境人口与可持续发展教育项目（EPD），环境教育的着眼点开始转向人类社会的整体发展。

（三）可持续发展教育

1997 年 12 月，联合国教科文组织在希腊召开了纪念第比利斯会议的国际社会与环境会议。会议以"可持续未来教育和公众意识"为主题，在国际社会上正式确立了可持续发展教育的地位。

2002 年 8 月，南非可持续发展世界首脑会议对"可持续发展教育"的重要性给予了充分的肯定，提出了从 2005 年起实施"可持续发展教育十年"的建议，该建议在同年的第 57 届联合国大会上获得通过。2005 年 10 月，"可持续发展教育十年国际实施计划"正式启动，联合国教科文组织要求各国政府将可持续发展教育融入教育规划当中，对现有教育计划进行调整，提供各类相关培训，以提高公众对可持续发展和可持续发展教育的认识和了解。

2012 年 6 月，在里约峰会期间，联合国教科文组织召开了"可持续发展教育大会"。时任联合国教科文组织总干事伊琳娜·波科娃（Irina Bokova）在会上指出，认真开展可持续发展教育是实现里约峰会相关承诺的重要基础，强调可持续发展必须起步于教育。在人类探索应对当前和未来发展危机的解决方案的过程中，教育提供了新的价值观和行为方式的引导，教育促进了新的重要技能的发展。应对危机必须从可持续发展教育开始。会议发布了《塑造未来教育：联合国可持续发展教育十年计划 2012 报告》这份重要文件，对各国实施可持续发展教育的成果进行了总结。

随着可持续发展教育的发展，其关注的领域涵盖了社会、环境、文化和经济等方面的可持续发展问题，并获得世界各国的普遍共识。2013 年，联合国教科文组织大会通过的"全球可持续发展教育行动计划（2015—2019）"，是"可持续发展教育十年"的后续计划，旨在扩大可持续发展教育，加速实现可持续发展的进程。该计划通过两个目标为《2030 年可持续发展议程》做出实质性贡献：一是重新定位教育和学习，使每个人都有机会获得知识、技能、价值观和态度，使他们有能力为可持续的未来做出贡献；二是在促进可持续发展的所有议程、方案和活动中加强教育和学习。

联合国教科文组织的一系列文件与行动提出，要在相互依存日益加深的世界中实现可持续发展，就应将教育和知识视为全球共同利益，强调可持续发展教育是实现可持续发展的重要实施手段，是全纳的优质教育和终身学习不可或缺的变革性因素，强化了可持续发展教育在全球发展议程中的核心地位，使可持续发展教育逐渐成为国际教育发展的主流。

二、国际可持续发展教育的核心内容

从可持续发展教育的内涵出发，可持续发展教育的核心内容指向公民的价值观与可持续发展能力。下面分别从可持续发展教育的学习目标和关键能力来阐述。

（一）学习目标

对于每个可持续发展目标来说，其学习目标都包括认知、社会情感和行为维度的内容。认知领域，包括具备相应知识和思考能力，以更好地理解可持续发展目标；社会情感领域包括自我反思能力、价值观、态度和动机等；行为领域则描述行动能力，包括使学习者能够协作、谈判和沟通以促进可持续发展目标实现的社会技能。通过行动将个人的认知扩大到社会情感领域，社会情感也成为连接个人认知与行动的一座重要桥梁。

（1）认知学习目标（Cognitive Learning Objectives）：学习者理解教育和终身学习机会（正式、非正式学习）作为可持续发展、改善人民生活和实现可持续发展目标的主要驱动力的重要作用；学习者把教育理解为保障公共利益、全球共同利益、基本人权和其他权利实现的基础；学习者了解获得教育方面的不平等，特别是在女孩和男孩之间的教育不平等、城市和农村之间的教育不平等，以及缺乏平等获得优质教育和终身学习机会的原因；学习者理解文化在实现可持续性方面的重要作用；学习者理解教育可以帮助创造一个更可持续、更公平、更和平的世界。

（2）社会情感学习目标（Socio-emotional Learning Objectives）：学习者能够提高对素质教育重要性的认识，学习者能够激励他人去要求和利用教育机会；学习者能够认识到技能对改善生活的重要性，特别是对就业和创业的重要性；学习者可以公开要求和支持制订政策，并以促进人人享有免费、公平和优质的教育、公共教育系统和相关方法，以及安全、方便和包容的教育设施为目标。

（3）行为学习目标（Behavioral Learning Objectives）：学习者能够认识到教育的内在价值，并在个人发展中分析和确定自己的学习需求；学习者能够利用终生所有的机会进行自我教育，并将所学的知识运用到日常生活中，促进可持续发展；学习者能够促进和实施不同层次的可持续发展教育；学习者能够促进教育中的性别平等。

（二）关键能力

可持续发展教育是实现《2030 年可持续发展议程》和 17 个可持续发展目标的核心，可持续发展目标要求所有国家都必须在以下关键领域——人类、地球、繁荣、和平与伙伴关系上采取行动，以应对人类生存面临的严峻的全球挑战。实现这些目标需要我们每一位公民在思考和行动的方式上进行深刻的转变，具备可持续发展的关键能力，具体包括：

（1）系统思维能力，包括识别和理解关系的能力；分析复杂系统的能力；考虑系统如何嵌入不同领域和不同范围的能力；处理不确定性的能力。

（2）预见能力，包括理解和评估多种未来的能力；创造自己对未来愿景的能力；应用预防原则的能力；评估行为后果的能力；应对风险和变化的能力。

（3）规范性能力，包括理解、反思、践行行为背后的规范和价值观的能力。

（4）战略能力，包括集体发展和实施创新行动的能力。

（5）协作能力，包括向他人学习的能力；理解和尊重他人需要、观点和行动的能力；理解他人、与他人相处并对他人敏感的能力；处理团体内冲突的能力；促进合作和参与问题解决的能力。

（6）批判性思维能力，包括质疑规范、观点的能力；反思自己的价值观、观念和行为的能力；保持立场的能力。

（7）自我察觉能力，包括反思自己在当地社会和全球社会中的角色的能力；持续评价和激励自己行为的能力；处理个人感情和欲望的能力。

（8）综合解决问题能力，包括将不同解决问题框架应用于复杂问题的能力，开发可行的、包容的、公平的解决方案的能力；综合上述能力促进可持续发展。

为了促进可持续发展，个人必须学会理解与全球和地方可持续性挑战有关的复杂性、不确定性和风险。可持续发展教育促进将本地和全球环境中关键的可持续性问题整合到课程中，使学习者能够理解和应对不断变化的世界。可持续发展教育的目标是产生学习成果，包括批判性和系统性思维、协作决策以及对今世后代负责等核心能力。

第三节

中国可持续发展教育的历程与教师教育的问题

可持续发展作为一种思想，在中国可谓源远流长。早在春秋战国时期，人们就有了保护妊娠和产卵生物的思想。"子钓而不纲，弋不射宿"出自《论语》，体现出了朴素的可持续发展思想。中国的可持续发展教育则是在全球可持续发展教育热潮的推动、影响下，从萌芽不断走向发展的过程。

一、中国可持续发展教育的历程

与国际可持续发展教育类似，中国的可持续发展教育是在环境教育的基础上逐渐发展演变而来的。

（一）可持续发展教育的萌芽阶段

继 1972 年联合国人类环境会议之后，在 1973 年召开的全国环境保护会议上，首次提出了"环境教育"的概念。同年，《关于保护和改善环境的若干规定》出台，标志着中国环境教育事业的起步。1978 年 12 月通过的《环境保护工作汇报要点》指出，普通中学和小学也要增加环境保护的教学内容，第一次提出了要在中小学增加环境保护的内容。此后，在国家制定的中小学有关学科的教学大纲和教材中，如小学自然及中学生物、地理等学科，都开始写进环境保护的内容。

20 世纪 80—90 年代，中国环境教育有了进一步发展。这一时期，中国加快工业化进程。与此同时，工业相对发达的国家相继出现了严重的环境问题，不仅直接威胁到人们的生命和安全，更成为重大的社会问题，威胁着人类的生存和发展。1983 年召开的第二次全国环境保护会议，将环境保护确定为基本国策，并强调环境教育是发展环境保护事业的一项基本工程，标志着中国环境教育进入发展阶段。在中小学校中开展环境教育，成为落实基本国策的一项重要措施。

1987 年通过的《九年义务教育全日制小学、初中教学计划（试行草案）》，首次对环保、生态、能源等方面的教育做了规定。1988 年，全国中小学教材审定委员会审查并通过了《九年义务教育各科教学大纲（初审稿）》，进一步明确了环境教育应渗透在学科教学中，如强调了能源、环保、生态等教育要渗透在相关学科教学和课外活动中，提出在有条件的学校，可试验单独设课或开设讲座开展环境教育。教育部正式开始在中小学教学计划中明确环境教育的内容。

20 世纪 90 年代中期，我国教育部门在九年制义务教育课程计划中明确提出，要使学生懂得有关人口、资源、环境等方面的基本国策，小学自然、社会，初中物理、化学、生物、地理等学科应重视进行环境教育，将环境保护的知识明确具体地渗透结合到相关学科的教育内容之中。

1996 年，国家环保总局、国家教育委员会、中宣部联合颁布的《全国环境宣传教育行动纲要（1996 年—2010 年）》提出，到 2000 年，在全国逐步开展创建"绿色学校"活动。并明确指出"绿色学校"的主要标志是：学生切实掌握各科教材中有关环境保护的内容；师生具有较高的环境意识；积极参加面向全社会的环境监督和宣传教育活动；校园清洁优美。绿色学校已经成为学校环境与可持续发展教育的一种模式。2003 年 4 月，由国家环保总局宣传教育中心编写的《中国绿色学校指南》发布，从管理、建设、监督、评估等多方面提供指导，目的就是希望能够更好地帮助学校进行绿色学校的创建与维持。

（二）可持续发展教育的发展阶段

可持续发展教育和环境教育产生的时代不同，前者起源于20世纪90年代，后者诞生于20世纪60—70年代，但二者都是在全球环境不断恶化和社会危机日益加深的背景下提出的。从可持续发展产生和发展的历史上看，可持续发展教育深深地根植于环境教育之中，但同时它又是超越环境教育的一种新的教育思想，它比环境教育更广泛、更深刻，包含生态教育、人口教育及和平与发展教育等多方面的内容，具有综合性和跨学科性的特点。它是一种整体的、系统的教育思想，是全方位的教育变革，而不仅仅是一门独立的学科。

1998年，受中国联合国教科文组织全国委员会委托，北京教育科学研究院主持实施了中国环境人口与可持续发展教育项目。全国11个省、市、自治区1000多所中小学校参与了这一项目。中国可持续发展教育工作委员会按"每年一会"的频率，先后在北京、上海、广东、香港等地召开了12次可持续发展教育国家讲习班，举办了7届可持续发展教育国际论坛，对传播可持续发展教育理念、交流可持续发展教育经验、展示可持续发展教育成果、明确可持续发展教育方向，产生了有效而长远的影响。

北京可持续发展教育国际论坛

届别	时间	主题
第一届	2003.11.8—11.11	教育与可持续发展
第二届	2005.10.29—11.1	教育促进可持续发展：全球共识与本土实践
第三届	2007.11.14—11.16	可持续发展教育创新实践
第四届	2009.10.22—10.24	可持续发展教育：国际发展趋势和中国实践模式
第五届	2011.10.16—10.18	为了可持续发展的哲学思考与教育变革
第六届	2013.10.22—10.24	可持续发展教育：走向明天的教育——联合国可持续发展教育十年回顾和未来展望
第七届	2016.10.26—10.29	走向世界教育主流的可持续发展教育

2003 年 11 月 2 日，教育部正式颁布《中小学环境教育实施指南》，这是中国颁布的第一部国家级环境教育文件。该指南指出了国内与国际的环境形势，确定以引导学生认识世界是普遍联系和相互依存的、引导学生珍视生物多样性，关注不同文化对环境的影响等为环境教育的基本理念，推动我国环境与教育事业发展。

2006 年，"中国环境人口与可持续发展教育项目"正式更名为"中国可持续发展教育项目"，项目的含义也得到扩展，可持续发展教育由关注环境与人口教育向关注经济、社会与环境可持续发展教育拓展，由关注可持续发展知识教育向关注可持续发展价值观转变，由较多关注学校教育教学向关注学校和社会合作推进转变。

2010 年以后，随着世界可持续发展教育的发展，中国将可持续发展教育纳入国家与地方中长期教育改革与发展规划，由此进入了较为快速发展的阶段，形成了可持续发展教育的一些示范学校、示范课程。

二、中国可持续发展教育中教师教育存在的问题

中国在可持续发展教育方面已经取得了一定的成果和经验，但是仍然存在着许多值得探索的问题，特别是在教师教育方面，需要努力突破发展的瓶颈。

（一）师资来源杂乱

在以学科为主导的课程体系中，作为一门边缘性课程，可持续发展教育无法进入学校的核心课程体系，参与的教师数量少，很难形成教学团队。由于中国教师专业发展的评估体系主要以学科为核心，专业从事可持续发展教育教师的发展通道并未建立，可持续发展教育教师的学科背景比较复杂，多数教师没有在学历教育阶段接受过可持续发展教育，入职后也缺乏系统的培训与学习，这成为可持续发展教育师资力量薄弱的首要原因。

（二）可持续发展教育能力薄弱

可持续发展教育面对的是宏大而复杂的社会、经济、文化及环境问题，注重教育教学与社会实践相结合，强调学生要通过可持续发展相关主题的学习，形成可持续发展的关键能力，以解决实际问题，或是改变自己不可持续的行为。以教师为中心强调知识传授的传统课堂模式无法实现可持续发展教育的这一核心目标。可持续发展教育的活动必须是以学生为中心、以能力培养为主线、以价值观为导向的参与式学习。可持续发展教育在实践中形成了自己独特的教育理念，即可持续发展教育的活动是行动导向和以学生为中心的，重点关注受教育者批判性思维能力和创新、解决问题能力的发展。但是，当前开展可持续发展教育活动的教师缺乏与之相适应的专业教育能力，无法很好地胜任可持续发展教育的教学工作。

（三）教师缺乏有效教学资源的支持

可持续发展教育的有效教学资源包括课程标准、优质的案例示范、生动的教学课件，以及集约丰富的信息资源。伴随着各类问题的产生与问题研究的不断深入，教师对教学资源的需求非常迫切。好的教学资源能够有效地减少教师的课程开发任务，不仅为教师带来灵感与启发，更能为教师所用。虽然可持续发展教育自环境教育开始，已经积累了一定的案例与经验，但是由于可持续发展教育的内容是与时代、世界相联系的，信息和数据日新月异，我国可持续发展教育教学资源的开发，远远不能满足教师的需求。

（四）缺乏系统的培训

系统的职业培训可以弥补师资来源的杂乱、教育能力的薄弱及有效教学资源缺乏的问题。但是，我国现阶段的可持续发展教育教师培训仍然是以零散项目或短期项目为主。这些项目往往都是由一些国际组织或绿色非政府组织发起的，培训基本上都是对在职教师的短期培训。受到经费、场地等各种因素的限制，一般是 3～10 天。因此，从横向的领域维度（培训的主题内容）来说，缺乏可持续发展教育的系统性；从纵向的时间维度（培训的时间投入）来说，缺乏可持续发展教育培训的持续性。

《联合国教育促进可持续发展十年国际实施计划》提出了可持续发展教育的 7 个特点：跨学科性和整体性、价值驱动、批判性思考和解决问题、多种方式、参与决策、应用性、地方性。从教育内容看，可持续发展教育具有综合性和跨学科性；从教育的目标倾向看，可持续发展教育具有以价值观教育为本质的特征；从教育的属性看，可持续发展教育具有一种基于社会危机感和责任感而开展的积极教育行动的特征；从教育方式看，可持续发展教育必须是以学生为中心、以关键能力的养成和解决问题能力的形成为主的参与式学习。可持续发展教育的这些要求和特征，对教师教育提出了严峻的挑战。我们需要立足原有的基础，整合各方资源，打破上述教师教育的瓶颈，推动我国的可持续发展教育蓬勃发展，建设我们共同的地球生态家园！

第二章

中小学可持续发展教育的教学论

　　可持续发展教育已经开始被视为一个培养学生在考虑经济、生态和社会平等的前提下做出决策的过程。培养这种以未来为导向的思维能力是教育的一个关键任务，这为教育带来了一个新的视野，它帮助所有年龄的人们更好地理解生活的世界，了解一些会威胁到人类未来的问题，如贫困、浪费、环境恶化、疾病、冲突。这一教育新视野强调了一种整体的、跨学科的方法。可持续发展教育极大地丰富了素质教育的内涵；同时，学校的素质教育也是实现可持续发展教育的主要渠道和实践空间。在基础教育中实施可持续发展教育的途径主要有在学科教学中的渗透、相关拓展性课程的开发、融入可持续发展教育理念进行的校本课程的设计和实施。广大的中小学教师是实施可持续发展教育目标的核心力量。

　　设计与实施中小学可持续发展的学习活动，首先要确立清晰的学习目标，其次是围绕目标选择合适的学习过程，包括学习内容、方法和策略，最后还要设计与学习目标相一致的评价手段。

可持续发展教育的目标

　　学习目标是教学的出发点和归宿，是教师对学生达到的学习成果或最终行为的明确阐述。在可持续发展教育内容一节中，我们参考联合国教科文组织相关文件，依照教育部提出的"三维目标"要求，从认知、社会情感和行为学习三个领域介绍了可持续领域学习目标的特点。这个学习目标是针对培养公民的素养出发的，具有普遍的指导意义。对中小学生群体的目标确立必须结合他们的特点进行完善。

一、可持续发展教育目标的特点

　　中小学生开展可持续发展教育的目标设计，可以参照我国中小学学科三维目标的表述，从知识和技能、过程与方法、情感态度与价值观三个层面加以描述。根据可持续发展教育的特点，中小学生的可持续发展教育学习目标的重点，首先是情感态度价值观维度，即以培养可持续发展价值观为核心，培养学生参与解决可持续发展问题的责任意识；第二是过程方法维度，学习过程突出以体验活动为主，强调通过实践养成可持续发展生活方式和生活习惯；第三是知识技能领域，更加强调知识的综合运用，即注重在解决可持续发展实际问题中的知识运用和迁移，从而实现对知识的深度理解。

二、德国中小学生可持续发展关键能力

德国在中小学可持续发展教育领域的研究一直以来是走在世界前列的。德国是联合国教科文组织推荐的在中小学可持续发展教育领域值得学习的国家。以下以德国可持续发展教育为例，介绍中小学生应具备的八大关键能力。

（一）国际视野

愿意互相学习；能够列举国家政策和可持续发展相关的决策；能够认识到认知和评价具有局限性并能逐步克服；能够区别不同的视角；能够设身处地地考虑其他人的生活；能够在复杂的社会结构下认清形势；能对偏见、敌意和歧视表达反对；能够列举有损人权的社会、经济、政治原因，并共同找到保护人权的可能性；能够认识地方、国家和全球层面不断变化的相互依赖关系；能够列举有关可持续发展的不同视角和知识形式（常识、学术知识）；能够评价不同的（可持续和不可持续的）行为模式。

（二）前瞻性的思考与行为

能够立足当下展望未来，把未来视为开放和可创造的；了解研究未来的方法，从而分析不可持续发展的问题，预知可能的发展；能够构思、表达并落实可持续发展意义下对未来的期待和计划；能够处理不确定状况。

（三）跨学科工作

能够以问题为导向有目的地运用不同专业领域知识和思维方式解决问题；能够从技术、经济、贸易等方面说明可持续性这一理念；能够描述并解释可持续发展的检验标准。

（四）理解与合作

能够理解他人并接受不同的视角；能够表达自己的意愿、目标、想法和建议；能够利用策略解决冲突；能够建设并利用合作网络。

（五）计划与行动

能够制订计划，能够针对目标设计计划草案；能够列举项目小组内针对可持续发展的不同观点，分析其背景；能够将不同意见朝意见一致的方向统一；了解落实项目草案的方法，并有目标地落实；能够在利用必要资源方面考虑到可持续方面的评估；能够清晰认识并尽可能在计划中避免无意义的结果；能够在知识储备不完备等困难情况下展示出行动的意愿。

（六）公正与团结

能够设身处地地考虑他人的生活状况；能够表现出团结行动的意愿；能够将团结合作落实到实际行动中。

（七）激励自我与他人

面对困难依然能保持积极性；能够激发他人参与活动的积极性；能够描述个人对不确定性及困难的处理和克服方式。

（八）反思与改进行为方式

能够理解并正确评价自己和他人生活方式的背景、形式，以及对社会和环境的影响；能够认识到自己的行为（一部分）是由社会决定的，并做出评价；能够以旁观者的角度反思个人的生活；自觉学习、养成可持续的生活方式和行为模式。

能力目标的观察和评价一直以来是学习目标设计的难点。德国中小学生可持续发展关键能力目标对学生行为表现的描述非常具体，是可以被观察和评价的，为有效开展行为导向的学习活动奠定了基础。这给我国中小学可持续发

展教育提供了借鉴。中小学老师在设计可持续教育学习活动目标前，应对联合
国教科文组织有关的可持续发展目标和可持续发展教育核心内容做出全面的
把握，然后分析自身的学科和学生特点，在此基础上突出能力目标的设计。此
外，可持续发展教育的学习目标一定是结合本地实际情况的，应当具有地方和
学校特色并体现教师和学生的个性特征。

可持续发展教育学习活动的
过程设计与实施

可持续发展教育的目标决定了它的学习内容和方式，应以体验式的学习活动为主。它强调以行动为主的"做中学"，让学习者参与活动并从学习进程和个人发展着手，获得经验。这种行动导向的学习方法是可持续发展教育的关键学习方法，被认为是约翰·杜威和大卫·库伯教育理论的具体实践。

一、理论基础

约翰·杜威（John Dewey）的"儿童中心""活动中心""经验中心"新三中心论开创了现代教育理论的先河。在教学方法上杜威主张"做中学"，他认为儿童不从活动而由听课和读书所获得的知识是虚无缥缈的。在实施方面，杜威首先主张"在活动中培养儿童的道德品质"，其次是要求结合智育达到德育的目的。

大卫·库伯（David Kolb）是美国凯斯西储大学教授、社会心理学家、教育家。他在研究了包括现代教育学创始人杜威及著名儿童心理学家皮亚杰等十几位教育家的思想后，提出了在欧美影响深远的体验式学习理论——经验学习循环理论（如下页图所示）。库伯认为，学习过程是由四个适应性学习阶段构成的环形结构，这四个阶段为：进行观察和思考；形成一般抽象概念；在新情况中运用这些概念；拥有实际经验。

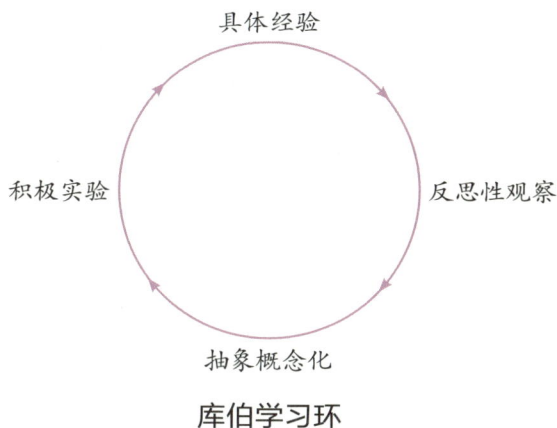

具体经验

积极实验　　　　　　　反思性观察

抽象概念化

库伯学习环

二、学习方法

　　强调行动导向的学习方法是当前中小学教育改革的发展趋势，目前中小学运用较为普遍的方法有如下三种：问题导向学习、探究式学习和项目式学习。

（一）问题导向学习（Problem-based Learning）

　　问题导向学习是一种学生自主设计解决问题方案的学习方式，其重要特征是：学习是以"问题"为起点；问题必须是对学习者有意义的，是学习者现在或未来常常会遇到问题；在解决问题的过程中学习者获得的知识并非来自单一学科，而是围绕问题产生的；无论是个体还是团队学习者，都应该对他们的学习活动负主要责任；学习活动大多是小组合作互动，而不是听讲课。问题导向学习中的相关问题，并非只有一个正确答案，这种开放性的特点可以帮助学生设计出具有创意的问题解决方案。

　　为将"问题导向"运用到可持续发展教育活动的实施中，首先，我们可以指导学生发现生活环境中的可持续发展问题，如生物多样性、能源等问题，或

25

生活当中的塑料垃圾、水源污染、交通拥堵等问题。要确保这些问题适合学生认知年龄特点，并能激发学生研究的积极性。其次，引导学生研究这些问题，包括影响因素和背后的科学原理。学生可以组建团队开展研究。团队以4～5人为宜，这样能确保所有学生都提出有意义的想法。除了对网站、书籍上的信息等进行收集，还可以帮助学生和引导学生通过实践活动获得第一手资料，如采访当地居民、测量土壤和水质数据。还可以充分利用社区和家长资源，如邀请相关的科研人员与学生进行座谈，帮助他们找到可行的解决方案。第三，学生从不同来源收集来的信息、数据在整理之后，教师指导他们设计切实可行的解决方案。第四，学生自己汇报，与老师、同学、家长、科研人员一起，分享他们的解决方案。他们可以从同学和成人那里收到反馈，做出调整。

（二）探究式学习（Inquiry Learning）

探究本身是一种科学思维和方法，就是科学家用来分析解决问题、探究未知世界的方法和过程。探究式学习就是在教师的指导下，学生积极参与科学探索的实践过程，试着模拟科学家分析解决问题的过程方法，体会科学家面对疑难问题时主动探索、思考并解决问题的过程，从而培养创新精神和实践能力的一种学习方式。中小学开展探究式学习活动一般有如下六个步骤：发现和提出问题；进行假设，即学习者根据已有的知识经验尝试对问题进行解释；制订计划与设计实验；进行实验与收集证据；分析与论证；交流与分享。

可持续发展教育领域在诸如气候变化、生态系统和生物多样性等方面有许多有趣的科学问题值得学生去探究。例如，是本地植物还是引进的植物在学校花园中更能吸引昆虫，如何防治校园下水道在雨天常常被泥沙淤堵，夏天电风扇能否降低教室里的温度等问题，能激发学生好奇心的问题不胜枚举。具体来说，学校要建设"屋顶花园"究竟该选择哪种土壤和哪种植物，学生需要调查研究不同土壤和植物在生态系统中的作用与分布。在科学老师的指导下，学生首先要学习提出具体问题：哪种土壤和绿化植物在防治雨水径流、维护生物多样性或调节建筑的温度方面更有效。小学生根据科学课中学到的土壤知识，可以研究不同类型土壤的保水性或者隔热效应。其次，学生要基于自己的已有经验和课堂上学到的相关科学知识提出假设。第三，设计实验方案。测量哪种土壤能容纳更多的雨水：用不同的塑料容器填装不同样品，其中一些可以包含更多的沙子或更多的有机物。学生将等量的水倒入土壤样品中，直到它们饱和并开始渗漏。哪种土壤可以提供更好的隔热效果：将装有土壤的容器放在阳光充足的地方一小时，然后在同等深度测量土壤的温度。如果有足够的时间和空间，学生还可以在屋顶花园上研究小灌木、多年生草本和多肉植物对水的保持力和对土壤温度的影响等。第四，学生开展实验。记录实验条件和结果。第五，学生分析和解读发现。在此阶段他们可以用统计表或电子表格来整理观察结果。创建图表将结果可视化，撰写报告。在报告中要反思实验过程可能产生的误差。第六，交流分享。将他们的研究结果提供给学校、可持续发展从业人员和当地居民。

（三）项目式学习（Project-based Learning）

项目式学习是为创造独特的产品、服务而进行的系统性工作，由一系列独特的、复杂的且相互关联的活动组成。这些活动有着一个明确的目标或目的，必须在特定的时间、预算、资源限定内，依据规范完成。项目参数包括项目范围、质量、成本、时间、资源等。这种学习方式最早来自美国的巴克教育研究所，他们总结并提出了实施项目式学习的八大原则：重点知识的学习和成功素养的培养；解决一个有挑战性的问题；保持持续探究的态度；项目要有真实性；学生对项目要有发言权及选择权；学生和教师在项目中进行反思；评论与修正；项目化学习成果的公开展示。

以未来城市模型设计竞赛为例。竞赛目标是设计和构建小规模的未来环境友好型城市模型。学生要自行选择模型，并决定要解决的可持续发展方面的问题，如可持续的交通、绿色能源或碳排放等问题；然后，学生设计创新的城市系统，包括建筑、道路和绿色空间，以满足特定的可持续发展的要求。在创建可持续城市模型的过程中，学生要向科学家、工程师和其他专家咨询。最后他们的模型将整合各学科的想法，包括自然科学、社会科学和美学设计。学生通过项目式学习过程，锻炼团队合作和协作，并在解决问题中提升了跨学科工作的能力。

（四）项目式学习、问题导向学习和探究式学习的联系和区别

上述三种行为导向的学习方法的共同特点是学生的学习过程都是主动和自主的。它们与传统的教学方法最大的不同就是把知识当作在实践活动过程中完成任务的方法手段。教师引导学生在完成特定的任务过程中强化所学的知识并获取新的知识。例如，小学科学课本中关于"空气"的学习单元，传统教学的重点是"空气的成分"，即把知识学习作为重点目标；但如果我们提出这样一个对学生具有挑战性的问题"雾霾天气教室里的空气是否比外面更安全"，那么空气的成分就是学生在解决问题过程中需要用到的方法手段，即这里的知识是"工具"。

在可持续发展教育领域中，学生可以参与学校或社区规划、设计校园或街道排水系统等实践活动。要根据学生的认知能力、时间和资源来设计所需完成的任务。在一个项目式学习活动中，我们首先会运用问题导向，提出一个具体的需要解决的问题；然后设计解决问题的方案；在方案实施的过程中，我们需要考虑究竟哪种方法手段更加有效，这时候就需要用到科学探究的思维方法。所以，从学习过程方面分析，三种方法往往是交叉的。一个完整的项目式学习活动可能会包含问题导向、探究活动的各个环节。这也是造成广大中小学教师容易混淆这三种方法的原因。但是，如果我们从学习目标层面去分析就会发现，三种学习方式是根据学习目标的侧重点不同而进行划分的：问题导向注重学生发现问题和提出问题的能力；探究式学习重点是学生的科学思维和方法；项目式学习目标则更加关注学生创造独特的产品、服务。

三、学习过程

（一）学习过程中的三种知识

美国康奈尔大学生态环境教育中心将环境教育过程中涉及的相关内容知识分成了三类：行动知识，就环境教育而言就是采取有益于环境的行动；有效知

识，即采用增强行动有效性的措施；系统知识，即相关的学科知识。行动知识和有效知识的获得都必须通过亲身的实践活动，也就是说学生要通过校内外的实践、体验式活动获得。下面以"学习和管理堆肥"为例来分析说明这三类知识的关系和作用。

用堆肥的方式处理我们日常生活中的有机垃圾，如校园的枯枝落叶和食堂的厨余垃圾。这样不但能减少垃圾的产量，分解的产物还可以作为优质的农肥，从而保护土壤并增加食物的安全性。所以平时自觉地利用堆肥的方法处理有机垃圾是一种可持续发展的生活方式。那么，怎样培养学生这种行为习惯呢？首先，必须让学生参与堆肥的实践过程，这就是所谓的行动知识；如何让垃圾变为有机肥料，这就是有效知识；通过显微镜观察堆肥样品的分解过程等就是系统知识。

可持续发展教育实践表明，学生参与实践活动比系统知识的学习在鼓励人们改变行为方面更为重要。其中有效知识能帮助人们在实践活动中选择最有可能实现目标的行为措施。而系统知识则有助于有效知识的获取。所以，责任意识的培养、生活方式的改变等可持续发展的行为养成都是需要通过"做中学"的。同时，如果教师在设计和实施活动的过程中，能有意识地与相关学科知识相联系，引导学生将理论与实践相结合，就能帮助学生更好地理解学科知识，实现知识的深度理解。美国有文献资料表明，高质量的可持续发展教育活动有助于提升中小学生的学业成绩。

（二）实施过程建议

（1）问题的真实性。真实的、来自学生生活的问题是可持续发展教育实践活动的核心，教师要引导学生定义自己研究的问题，要帮助学生将问题具体化。这些问题应该是他们力所能及的，即有时间、资源和能力去解决的。

（2）过程的连续性。指导学生根据设定的学习目标完成实践活动的每个阶段。要给他们提供充分并积极的建议，但不是包办代替。要确保他们不会因为遇到困难而灰心丧气、半途而废。锻炼他们克服困难、持之以恒的毅力。对于低年级的学生来说，较短时间的实践活动更适合他们。

（3）成果展示的多元性。给学生充分的机会表达他们的实践活动过程并为自己的成果感到自豪。展示的平台不仅仅局限于学校，还要为他们提供更多的展示机会，如社区、城市的环保日，等等。研究表明，展示活动成果是对学生形成可持续发展意识的重要步骤。听众对学生们的成果产生的积极反应、向他们提供的有益反馈，能激发他们对未来学习充满更大的热情。

（4）活动反思的深刻性。解决问题是一个思考过程，更是一个自我思考评定的过程。面对学生活动成果存在的问题，要善于采用温和且深入的追问的方式，促使学生进行反思和批判性思考，并根据需要放弃先入为主的观念。如在探究教学中，学生可能为使得结果与假设一致而更改实验数据。

（5）资源整合的地方性。由于课堂教学存在时间、空间和教学任务等方面的限制，所以中小学开展可持续发展教育实践活动，要整合课内外、校内外的资源。只有这样才能最大限度地发挥以行动为导向特别是项目化学习的优势。在整合校内外资源时要强调本地资源的运用。如让学生将他们自身的传统文化、生活经验与实践机会联系在一起，有助于培养他们与家乡的感情。参与当地的实践活动，更能激发学生保护河流水源的意识。这也是形成可持续发展行为习惯的有效途径之一。

第三节

可持续发展教育学习活动的评价

教育评价是提升教育教学活动质量必不可少的环节。以学生发展为核心、体现素质教育要求、科学多元的基础教育质量综合评价的改革迫在眉睫，这是实现教育自身可持续发展的重要方面。中小学可持续发展教育学习活动的评价研究，不仅能有效提升实践活动的质量，而且对中小学教育评价体制改革具有重要的实践意义。

一、多元化的评价主体

可持续发展教育活动的跨学科、实践性等特点，使得活动的开展涉及校内外多种资源的整合，因而对学生进行评价的主体也是多元的。它既包括实施可持续发展教育的各学科教师，也应包括学生在活动中接触的人，如环保和科研部门的相关人员、家长等。同时还要关注学生的自我评价和团队学生的互评，要鼓励学生记录各自学习活动中感受、收获等，对学习过程做出自评和互评，并作为最终评价的一个重要部分。

广州中黄国际学校的"全球胜任力培养的实践"项目实行综合教育评价体系，实践活动由老师、家长、学生本人、同学四大主体参与评估。学校定期举办家长主题分享会，确保家长能深入理解学校的培养模式和评估体系，能为孩子的学习活动提供支持，全面参与到对孩子的多元评估中去，共同见证孩子的成长进步。由此可见，学校的可持续发展教育评价主体的多元性不仅能促进学生的成长，还能带动家长和社会相关人员践行可持续发展理念。

二、强调过程评价与结果评价的结合

意识形态、能力培养和行为习惯的养成不是一蹴而就的。因此，可持续发展教育的实践活动的评价尤为注重过程性。教师要结合关键能力目标对学生行为表现进行描述，在具体的实践活动中，仔细观察学生的行为表现并给予及时的反馈与评价。在项目式学习活动中，可以根据学生不同的年龄特点，设计"项目式学习"评价量表，从学生的参与程度、合作交流技能、知识方法运用等方面进行过程性评价；并根据具体项目要求设计相应的项目成果作为结果性评价。最终的评价由过程和结果组成。

广州中黄国际学校的"全球胜任力培养的实践"形成的综合教育评价体系，获得了全国乃至全球教育界的关注。校长在接受采访中有这样一段叙述：孩子们通过自编自导的情景剧、原创歌曲、舞蹈、辩论赛等形式丰富多样的活动展示了自己的学习成果。这些活动可以面向学生、老师、家长甚至社区成员；展示的效果与团队平时的合作交流有很大的关系。这样的形式就充分体现了过程性评价与结果性评价的结合。

三、聚焦价值观、行为方式的评价方法

可持续发展教育学习活动评价方法的选择是由实践性和体验性决定的。所以要重点关注学生的行为和能力目标的实现，而一个人的价值取向决定了他采取的行为方式。所以，可持续发展教育更注重对情感态度、价值观及行为方式的评价，这是与其他学科教学评价的主要区别，也是教育评价的重点和难点所在。

教师是否能制订平衡有效的评估计划，使用不同的评估工具和策略来记

录、测评和报告学生在实践活动过程中的表现情况；是否具备分析和利用评估数据和证据的能力来进行实践反思，提出改进实践活动设计方案；是否能指导学生进行自我评估；帮助学生反思评估结果。这种强调过程性的评价方式对广大中小学教师提出了挑战。过程性的评价从实质上看，属于实践活动策略的一个部分，要融入每一个实践环节当中。德国中小学生可持续发展教育关键能力目标的描述，为教师在具体的实践活动中关注学生的行为表现提供了很好的指导。实践活动的成果可以灵活多样，如文字记录、艺术表演、角色模拟与辩论、服务成果、项目活动产品等。

浙江省"中德合作可持续发展教育项目"曾经和嘉兴市实验小学合作开发了主题为"植物和校园环境"的活动。在此，以其中的分主题"植物对环境的影响"为例说明可持续发展教育实践活动是如何结合学科的相关内容，设计学生关键能力目标、活动展开的方式和评价指标的。

植物对环境的影响

内容	关键能力	过程方法	评价指标
植物对土壤的影响："植被对水土流失的影响"的模拟实验。 植物对大气的影响：蒸腾作用实验。 植物对水环境的影响：情景剧《水草和鱼》。	前瞻性的思考和行动：学生了解人类活动对环境改变的影响。 跨学科工作能力：学生能应用已有的知识和经验对所观察的现象作假设性解释、设计探究实验方案。	（1）情景性方法：学生通过模拟实验和在情景剧中的角色扮演体验活动，感受植物与环境的关系。 （2）探究方法：学生通过团队合作设计实验、进行实验操作，得出结论。 （3）交流合作方法：学生在小组实验中能分工合作。 （4）反思方法：学生反思平时有关的行为习惯，如生活中是否能自觉爱护一草一木，等等。	能够通过模拟实验结果联系现实生活，举例说明一种环境友好的行为，并说说理由。 学生会对设计模拟实验有自己的想法；探究植物对环境的影响因素，知道植物对大气、土壤和水环境都有影响。能对控制变量的对比实验有较好的理解。

33

续表

内容	关键能力	过程方法	评价指标
	理解和合作能力：学生在实验过程中能分工合作；在活动中与他人沟通合作，愉快练习。	（5）创造性的方法：学生情景剧、画作或者摄影创作。 （6）校内外结合：情景剧的展示可以面向社区；学生与家长共同保护身边的植物，在家里尝试植物的种植，等等。	学生能合作完成实验任务；分工明确、责任到位；在情景剧合作过程中接纳别人，协商解决冲突，完成扮演任务。
	反思改进生活与行为方式：学生能爱护植物，自觉地用植物美化环境。		学生能欣赏植物之美，利用图画和摄影等形式记录校园、社区等环境中的植物，并向大家展示。

联合国教科文组织强调，可持续发展教育并非一门课程，而是"了解各学科是如何通过环境、经济和社会问题相联系的"，期盼有更多的学校和更多的教师参与到可持续发展教育中来，共同努力为中国的基础教育改革实践探索出新的路径。

第三章
可持续发展教育案例设计

　　本章的教学案例设计按照联合国 17 项可持续发展目标分为 17 节。每一节除了对可持续发展目标的解读（"目标解读"内容出自《变革我们的世界：2030 年可持续发展议程》）和教学目标的梳理，还包含学生阅读材料概要，材料以垃圾处理为切入点，为孩子讲解了可持续发展目标（垃圾处理是一项复杂的系统工程，牵涉到环境、社会、经济和文化等方方面面，如下页图所示），以及根据教学目标设计的主题活动——典型案例和可选择的其他主题。

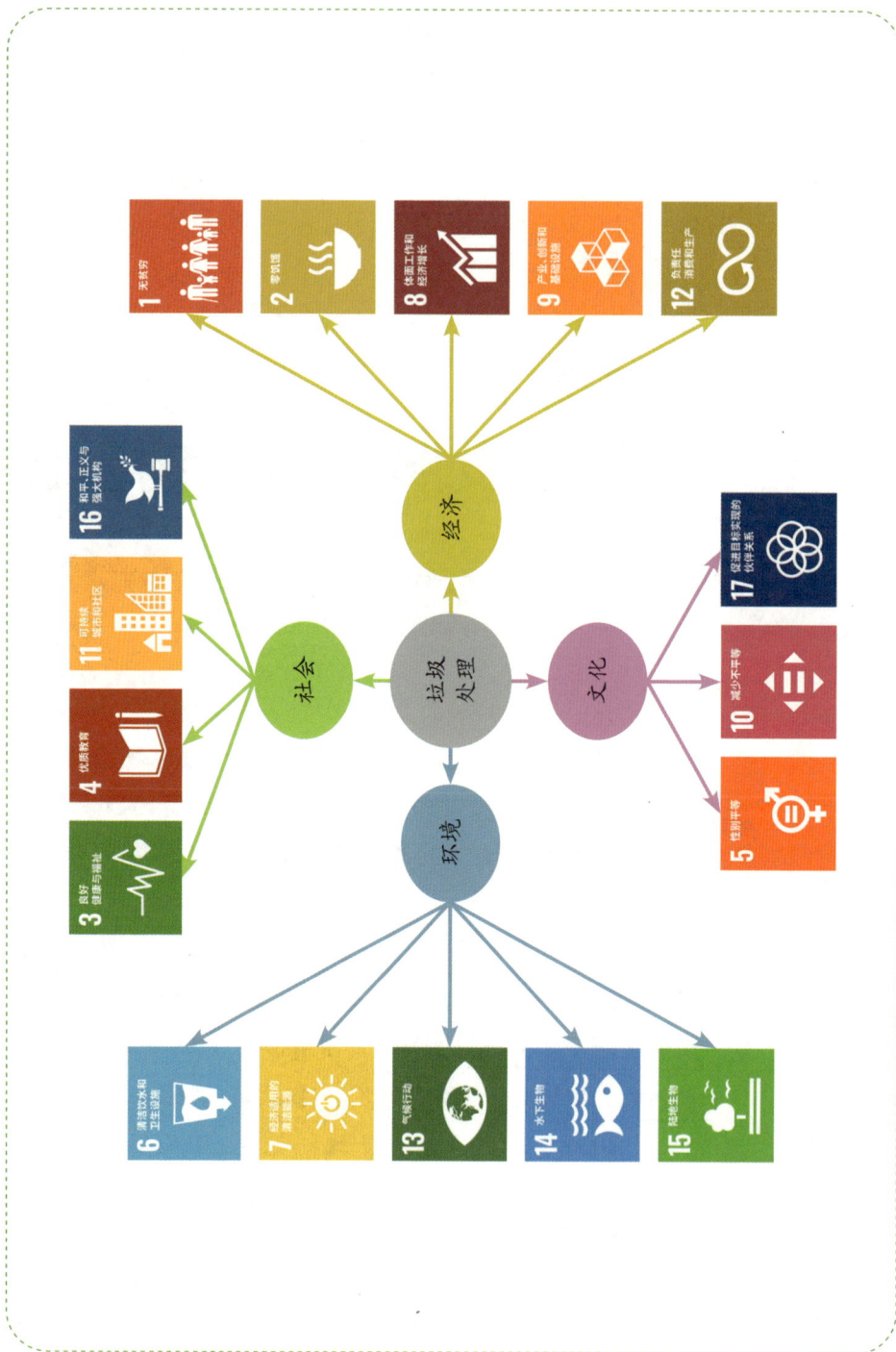

垃圾处理与可持续发展教育的关联

第 一 节

可持续发展目标 1
无贫穷

一、理解可持续发展目标

（一）概念解读

尽管全球贫困率自 2000 年开始已经下降了约 50%，但世界上仍有 7 亿多人（占世界人口的 10%）的每日基本生活费用低于国际贫困线（1.9 美元，约为 12 元人民币）。

贫穷不仅仅是缺少维持生计的收入或资源，还表现为饥饿和营养不良，以及无法获得基本的教育和公共服务。此外，受到社会歧视及无法参与决策也是贫困和弱势的表现形式。有工作的人不一定能过上体面的生活。实际上，2018 年，全球 8% 的雇佣工人及其家庭面临极端贫困，1/5 的儿童生活在极端贫困之中。因此贫穷被定义为缺乏资金和重要资源，使人们无法过有尊严的生活，甚至难以谋生。确保为所有儿童和其他弱势群体提供社会保障是减贫的关键。

（二）重要意义

进入 21 世纪以来，科技和经济都有了较快的发展，世界范围的贫穷问题得到了一定的改善。从目前来看，改善的步伐正在减缓，而 2019 年底开始的新型冠状病毒危机有可能逆转几十年来在消除贫困方面取得的进展。联合国大学世界发展经济学研究所在最新的研究中提出警告，此次全球大流行病造成的经济影响可能使全球贫困人口增加 5 亿，占全球总人口的 8%。自 1990 年，全球贫困率可能将首次出现增长。

二、教学目标

（一）认知领域

（1）学习者了解贫穷的内涵，知晓社会中贫穷生活的真实情况。

（2）学习者了解贫穷产生的自然与社会因素（如自然灾害的影响、经济不平衡发展等），并探讨贫穷与诸多因素的关系。

（3）学习者能分析和解释贫穷带来的后果（如身体的饥饿与营养不良、心灵的脆弱、社会的暴力等）。

（二）社会情感领域

（1）学习者对社会的贫穷、弱势群体具有同情心，逐步形成愿意、慷慨与人分享的价值观。

（2）学习者关心社会的公平、正义，以及社会的福利与保障制度的发展情况。

（3）学习者能够批判性地反思地区、国家的贫困问题的原因与结果。

（三）行为领域

（1）学习者能主动体验弱势群体的生活。

（2）学习者能够在自身的生活中（如消费行为中）考虑到社会贫困、弱势群体的生活。

三、阅读材料概要

（一）主题选择

联合国将消除贫穷列为 17 项可持续发展目标的第一项目标，其总体描述为：在全世界消除一切形式的贫困。贫穷的各种表现形式，包括收入、食物、健康、教育、住所、环境、社会歧视、决策参与等。无论是在发达国家还是在发展中国家，都存在着贫穷和弱势群体。即使在世界上最富裕的国家，仍有约 3000 万儿童家境贫困。贫穷会导致严重的社会后果，是影响世界发展的重大民生问题。阅读材料重在让学生认识贫穷的原因，以及一些消除贫困的举措，比较适合低年级学生阅读。

（二）内容简介

"一个都不能少"从世界极端贫困人口的日均基本生活费用低于 1.9 美元切入，描述了造成贫困的原因，主要包括基础设施落后、自然条件恶劣、战乱、教育落后等，也引出了联合国开发计划署和牛津大学贫困与人类发展中心制订的多维贫困指数（MPI）。阅读材料以中国宁夏南部山区西海固的易地搬迁为例，阐述通过中国政府的支持与当地人民的努力，经过三十多年的努力实现了易地搬迁、摆脱贫穷。然后从资金和技术支持方面，阐述了亚洲开发银行对世界各地基础建设、农业发展、教育、能源等方面的支持与援助。最后设计了一个互动环节，要求学习者为一座深处大山中的村庄提出改变落后现状的方案。

（三）核心问题

无贫穷这一主题关键是要让学生探索社会贫困的根源，了解贫穷与诸多因素的关系，对贫穷的真实生活有适当的体验，形成同理心、慷慨和分享等价值观。对于高年级的小学生，需要通过调查贫困形成的原因和后果，形成一定的见解，能够与他人合作制订可行的解决问题的方案。

四、典型案例设计

（一）主题选择——"贫穷之谜"

中国在脱贫方面取得了举世瞩目的成就，但放眼世界，贫穷仍分布很广，贫穷的原因也是不一而足，包含资源、人口、文化、社会制度等原因。

这是一个以采访、调查与考察为主的项目活动，学生通过采访周围的人对贫穷的认识、走访困难人群，以及一定的课堂讨论，深刻地认识贫穷的根源，并对贫困生活有一定的体验，了解贫困带来的后果。

（二）设计思路

活动内容	关键能力与学习目标	评价指标
课前活动：对贫穷的认知与体验 任务1：采访长辈对贫穷的感受。 任务2：城市学校，花12元购买食材，为自己的家庭做一顿晚餐；农村学校，花5元购买食材，为自己的家庭做一顿晚餐。 **课堂讨论**：主题探讨 围绕什么是贫穷、贫穷的根源、贫穷的后果，以及谁需要对贫穷负责展开讨论。 **课后调研**： 任务1：走访社区 （1）了解社区困难人口。	**前瞻性的思考与行为**：学习者能从现实出发设想行动的可能性，能够构思、表达并落实计划。	（1）学习者能够根据预算列出购买食材的清单。 （2）学习者记录最终购买的食材清单，并反思计划与结果之间的差别。 （3）学习者能用所购食材完成晚餐的制作，并完成日志记录。
	理解与合作：学习者能够理解他人并接受不同的视角，表达自己的想法和建议；学习者能够与他人合作完成小组任务。	（1）学习者在课堂讨论中能够表达自己的想法，接受别人的观点，提出合理的质疑。 （2）学习者通过讨论能够完成《贫穷的故事》海报。 （3）学习者能够在教师的帮助下参与社区困难家庭的走访，与小组成员完成社区走访报告。

续表

活动内容	关键能力与学习目标	评价指标
（2）了解社区困难人口的生活状况（居住、收入、衣食住行、医疗等）。 任务2：分享与讨论社区走访记录报告。	**公正与团结：** 学习者能够设身处地地了解他人的生活状况；认识社会资源是如何分配的，以及所走访的社区、所调研地区的保障制度、举措与不足。	（1）学习者能够在自身的生活中考虑到社会困难、弱势群体的生活，例如，清洁自己不需要的完好的衣物，捐赠给有需要的人。 （2）学习者在走访报告与调研报告中，能够对社会资源的分配、社会保障制度提出见解或可行的方案。
	反思与改进行为方式： 学习者能够正确评价自己和他人的生活方式，以及对社会和环境的影响。	（1）学习者能够通过比较自己与困难群体的生活水平，反思自己与家庭的基本需求。例如，与父母一起讨论个人与家庭生活基本需求的预算，减少开支。 （2）学习者能够感知他人的需求，并参与帮扶活动。例如，参与帮助弱势群体的志愿活动。

（三）活动准备

教师准备：

（1）学生活动的相关任务单。

（2）学生任务完成的考评量表。

（3）联系社区工作人员。

（4）外出走访和调研的安全事项与要求。

学生准备：

（1）城市学生12元钱；农村学生5元钱。

（2）为走访和调研做好相应的准备。

（四）活动过程

1. 课前活动——对贫穷的认知与体验

任务 1：采访长辈对贫穷的感受，完成采访记录单。

了解长辈对贫穷的认知：每位学生至少采访两位长辈，了解他们对贫穷的认知、所经历的贫困生活，并在采访单上做好记录。通过对父辈、祖辈的采访，了解不同年龄阶段人们认知中的贫穷，分析贫穷的表现形式，了解长辈们在经历贫困生活时是如何度过的。长辈可以是爷爷、奶奶、爸爸、妈妈、亲戚、邻居等。记录他们在贫困时期的衣食住行、医疗、教育、娱乐、工作等方面的感受。

采访记录单

内容	采访摘要
衣服	
食物	
居住	
出行	
医疗	
教育	
娱乐	
贫困的时间段和原因	
如何度过贫困时期	
与贫困相关的故事	

任务 2：城市学生用 12 元钱购买食材，为自己的家庭做一顿晚餐；农村学生用 5 元钱购买食材，为自己的家庭做一顿晚餐。

请学生用 12 元人民币（农村学生预算可以减少）购买食材，为自己的家庭做一顿晚餐，与家人一起体验低收入人群的生活。

晚餐记录表

食物	价格	家庭成员	感受与评价（自己和家人）可以附上照片

2. 课堂讨论——主题探讨

（1）根据课前活动，教师有选择地展示学生的采访记录单和晚餐记录表，让学生描述和分享他们的采访记录和晚餐，以及来自家人与自己的感受。

（2）分小组讨论。小组成员围坐一圈开展头脑风暴，由小组长主持讨论过程，由记录员记录组员的发言。

讨论表

问题	小组成员发言
贫穷是什么？	
贫穷的表现有哪些？	
引起贫穷的原因是什么？	
如何度过贫穷时期？	
有哪些贫困生活中的故事？	

（3）根据前面的表格，由小组成员分析整理，选择最有代表性的内容，共同完成《贫穷的故事》海报设计。

（4）教师在教室中张贴每一个小组的海报，并让学生在教室中进行"画廊漫步"（Gallery Walk）学习活动，对海报的内容进行分享、评价。

（5）全班讨论活动。在黑板上用很大的字体展示一个观点，如"个人应该对自己的贫困负责"，在教室的一角立一个牌子，写"强烈同意"，在另一角立"强烈反对"的牌子，用胶带、粉笔或绳子将两个角连接起来。让学生思考这句话，然后站在可以表明他们同意或不同意程度的位置上。当每个人都站好后，让学生分享观点，并解释"为什么"。

3. 课后调研

任务1：走访社区

（1）学生参加社区讲座，了解社区困难人口分类、困难人口数量、困难家庭儿童的生存状况、困难原因、国家扶持政策，等等。做好记录。

（2）分组走访社区困难家庭，了解困难人员的真实生活状况，包括人口状况、主要收入来源、居住空间、卫生状况、医疗保障状况、社会福利保障等，将采访内容记录在采访表中。

社区困难家庭走访记录表

内容	采访摘要
家庭人口状况（包括人口组成、性别、年龄、健康状况等）	
主要收入来源	
每月基本消费与支出	
居住环境	
卫生状况	
医疗保障状况	
获得的社会福利	
其他	

任务 2：分享并讨论社区走访记录报告。

（1）学生交流与分享社区走访记录报告。

（2）讨论：谁要对贫穷负责？贫穷和富裕如何转变？

五、可选择的其他主题

关于无贫穷这一目标，还可以选择以下这些主题来探索：极贫和极富地区在全球的分布情况、地理特征及形成原因探讨（包括经济、社会、文化、历史、环境、自然资源等方面的相互关系）；全球范围内童工、外来工等的工作条件；贫穷的后果，例如，营养不良、犯罪等问题；各国的政府、非政府组织是如何帮助解决贫困问题的，等等。

第 二 节

可持续发展目标 2
零饥饿

一、理解可持续发展目标

（一）概念解读

关于饥饿问题，我们需要重新思考如何种植、分配和消费粮食。如果方法得当，农业、林业和水产业在为我们提供充足食物、创造可观的收入的同时，还能支持以人为本的农村发展和环境保护。可是现在，我们的土壤、淡水、海洋、森林和生物多样性正在迅速退化。气候变化给我们赖以生存的环境带来了诸多压力，增加了干旱和洪水等自然灾害发生的风险。许多农村居民单依靠自己的土地已经入不敷出，生存的压力迫使他们迁移到城市寻找新的机会。2018年，全球 1.49 亿 5 岁以下儿童仍然长期营养不良，这导致他们发育迟缓或身材较同龄儿童矮小。如果要为今天 8.2 亿饥饿人口提供充足的食物，需要全球粮食系统和农业体系做出变革。可持续粮食的种植、生产和消费系统对于减轻饥饿的危害也是非常重要的。

（二）重要意义

可持续发展目标 2 零饥饿旨在通过可持续的农业生产、粮食分配与消费，消除世界范围内的饥饿现象。饥饿和营养不良仍是可持续发展的一大阻碍，并且制造了一个人们无法轻易逃脱的陷阱——饥饿和营养不良意味着生产人口减少，而且这些人更容易受到疾病侵扰，也就无法赚更多钱改善生计。世界上大多数饥饿人口生活在发展中国家。

二、教学目标

（一）认知领域

（1）学习者了解饥饿和营养不良问题，知晓其对人类生活的主要生理和心理影响。

（2）学习者了解粮食短缺的原因（如自然灾害的影响、资源分配的不公平等），并探讨粮食短缺与其他诸多因素的关系。

（3）学习者认识粮食的生产、分配与消费过程，了解食材供应的经济、地理和季节因素。

（二）社会情感领域

（1）学习者能够反思自己日常生活中对食物的消费行为。

（2）学习者关心社会的公平、正义，以及粮食的可持续生产与分配等问题。

（3）学习者能够批判性地反思地区、国家及全球粮食短缺的原因与结果。

（三）行为领域

（1）学习者能主动体验食物短缺群体的生活。

（2）学习者能够在自己的生活中考虑粮食生产与消耗的问题，做出行为改变。

（3）学习者能够在日常生活中养成节约粮食、爱惜粮食的习惯。

三、阅读材料概要

（一）主题选择

联合国将零饥饿列为 17 项可持续发展目标的第二个目标，其总体描述为：消除饥饿，实现粮食安全，改善营养状况和促进可持续农业。饥饿人口数量（按营养不良发生率计算）已持续下降数十年，从 2015 年又开始缓慢增加。新冠病毒肺炎疫情将会大大增加世界上遭受饥饿的人口数量。饥饿与贫穷一样会导致严重的社会后果，带来身心的不良发展与社会的矛盾和冲突。一方面，在世界贫穷地区，粮食匮乏，普通人民长期面对贫穷、饥饿、骚乱等问题。另一方面，在世界发达国家，粮食浪费非常严重，许多食物因为没有在有效期内食用而被扔掉。本阅读材料重在让学生认识当前世界粮食问题、粮食短缺的原因、减少粮食浪费而实施的举措，比较适合小学中高年级学生阅读。

（二）内容简介

"你是食物掠夺者吗"从食物富裕者与食物匮乏者两幅图片的对比引入，描述了世界粮食短缺问题产生的原因，包括气候与地质条件不利、经济衰退、国家冲突等因素，由此阐述世界各国面对饥饿问题的行动，包括基本的资金捐助、传授耕作技术及发展农业等。另外，阅读材料详细描述了世界食物浪费严重的问题，指出 2019 年，全球约有 9.31 亿吨食物被浪费。为了减少食物的浪费，阅读材料主要从两个方面提供解决的途径，一是粮食的前端损失及解决办法，二是食物在零售端和消费者方的浪费及减少粮食浪费的举措。最后设置了一项任务，要求学习者记录为期一周的家庭采购和消耗情况，以发现是否存在食物浪费的问题。

（三）核心问题

"零饥饿"这一主题关键是要让学生理解食物来之不易，以形成节约粮食、爱惜食物的习惯。对于高年级的小学生来说，要能对导致世界粮食短缺的原因具有一定的见解，能够与他人合作制订可行的解决方案。

四、典型案例设计

（一）主题选择——盘中的食物

这一主题由两个活动组成，学生通过活动1"每盘食物都有一个故事"认识盘中食物与可持续发展目标之间的关系，并认识到食物的宝贵与来之不易，从生产开始到进入盘中的过程，凝结了人们的劳动成果，由此形成可持续的食物消费习惯；通过活动2"贫富宴"体验世界粮食短缺的一个重要原因是粮食分配不均的问题，形成改善饥饿问题的行动方案。

（二）设计思路

活动内容	关键能力与学习目标	评价指标
活动1：每盘食物都有一个故事 （1）活动开始前，学习和了解联合国可持续发展目标，并邀请学生通过思考他们生活中的目标，建立个人与他人、地方和环境之间的联系。 （2）活动过程中，学生通过对话、协作和研究参与调查过程，并对他们盘中的食物的可持续性形成具体的认识。 （3）活动结束时，描述和分享自己的粮食消费行为，并反思自己与他人的行为表现。	**国际视野：** 能够认识地方、国家和全球层面不断变化的相互依赖关系。	（1）学习者认识到自己盘中的食物来自不同的地区、国家，例如，通过调查食材成分知晓食物生产地。 （2）学习者认识到自己盘中的食物凝结着许多人的劳动，例如，能举例说明食物的生产过程、包装过程，以及食物的运输过程等。
	理解与合作： 学习者能够理解他人并接受不同的视角，能够表达自己的想法和建议；学习者能够与他人合作完成小组任务。	学习者在课堂讨论中能够表达自己的想法，接受别人的观点，提出合理的质疑。

续表

活动内容	关键能力与学习目标	评价指标
活动2："贫富宴" （1）搜集信息，展开课堂讨论。 （2）体验"贫富宴"。 （3）交流与行动。	**公正与团结：** 学习者能够设身处地地了解他人的生活状况；能够认识社会资源是如何分配的。	（1）学习者能够在教师的引导下积极参与"贫富宴"的准备工作，例如，帮助大家购买和分配食物、准备场地等。 （2）学习者能够在自身的生活中考虑到饥饿、弱势群体的生活，例如，通过购买农民自产的蔬菜支持农民。 （3）学习者在"贫富宴"体验活动中，能够对社会资源的分配、社会保障制度提出见解或可行的方案。
	反思与改进行为方式： 学习者能够正确评价自己和他人的生活方式，以及对社会和环境的影响。	（1）学习者能够比较自己家庭的粮食消耗和饥饿人群的粮食消耗，反思自己与家庭的基本需求。例如，与父母一起讨论食物需求的预算，讨论食物的生产和运输过程，减少食物的开支，更多地购买当地的蔬菜水果。 （2）学习者能够感知他人的需求，并参与有助于改善饥饿的活动。

（三）活动准备

活动1：教师准备

（1）多媒体设备及"联合国可持续发展目标"相关视频。

（2）打印海报，分别是"联合国可持续发展目标""我的盘子里是什么？"（见本节附录）。

（3）打印"每盘食物都有一个故事"活动调查表（见本节附录）。

活动2：教师准备

（1）讨论的问题清单。

（2）"贫富宴"活动所需的食物、场地、流程。

活动2：学生准备

帮助教师准备"贫富宴"活动。

（四）活动过程

活动1：每盘食物都有一个故事

1. 学习和了解联合国可持续发展目标

（1）通过向学生展示印刷的海报（见本节附录），介绍可持续发展目标。如有多媒体设备，可以播放相关视频。

（2）教师描述联合国的工作，并说明全世界是如何达成共识并制订了这17个目标的，通过这些目标呼吁全世界采取行动消除贫困、保护地球，确保所有人在2030年之前享有和平与繁荣。分享联合国和世界为实现这一议程所做的努力。这个过程和学生制订及实现目标的过程类似。

（3）写出"可持续""发展""目标"等词语，并邀请学生分享他们对每个词的理解。

2. 食物和全球目标

（1）理解了可持续发展目标的概念后，向学生们强调，无论年龄或所处地点，地球上的每个人都能为实现目标贡献一份力量。而且，每个人的作用都很关键，并有可能带来重要变革。

（2）提醒学生，每个人都能通过多种方式帮助在2030年之前实现这一全球目标，询问他们是否有一种能对多个目标产生影响的、世界各地的人都会采用的日常做法。听取学生的意见，然后再说明有一种做法就是日常的饮食行为（本节课的主题，即食物可持续性这一领域——从世界粮食系统到我们盘子里的食物）。

（3）将学生划分为三个人数相等的小组，并给每个小组分配以下一个领域：可持续性，发展，目标。播放介绍食物和目标的视频。指导各组注意视频中分享的、与小组主题有关的任何内容。将想法记录在便笺纸、卡片上。

（4）向每位同学分发海报"我的盘子里是什么？"（见本节附录）。讨论食物与可持续发展目标的关系。

3. 完成调查活动表

布置任务，完成"每盘食物都有一个故事"的调查活动表（本节附录）。

4. 分享、交流与反思

分享、交流自己的"每盘食物都有一个故事"的调查活动表，邀请学生对食物和可持续发展目标发表见解，并反思自己和家庭的食物消费习惯。

活动2："贫富宴"

1. 关于"饥饿"的大讨论

教师给学生一组问题清单，让学生搜集信息并回答问题，注意要引导学生搜集事实信息证据以支持对问题的解答，然后开展课堂大讨论。

问题清单

内容		采访摘要
什么是饥饿？		
饥饿的表现是什么？		
关于饥饿的迷思	全球粮食短缺是因为人口太多，粮食太少吗？	
	全球粮食短缺是因为贫穷落后的国家粮食产量很低吗？	
	全球粮食短缺是由各种自然灾害造成的吗？	
	农业科技革命（如杂交稻）是解决全球粮食短缺的出路吗？	
	只有建造更多更大的农场才能解决全球粮食短缺吗？	
	从外国进口粮食是一种好办法吗？	
你认为，导致饥饿的根本原因有哪些？		

2. 布置"贫富宴"，并让学生体验

（1）教师和学生一起准备食物，可以用班费购买食物，也可以募集资金购买食物。

（2）将所有的食物进行重新分配，配置于两个区，"富人区"和"穷人区"，其中富人区的食物占总食物的80%，穷人区的食物占20%。

（3）将班级学生分成"富人组"和"穷人组"（可以抽签决定谁进入富人组，谁进入穷人组），其中富人组占班级人数的20%，穷人组占班级人数的80%。

（4）教师主持（也可以选取一位学生主持），宣布"贫富宴"开始。在富人区，食物以自助餐的形式放置，学生可以选择自己喜欢的食物享用；在穷人区，学生需要到食物站排队，领取食物。

以下是建议餐单，教师和学生可按实际情形和需求自行设计。

富人区自助餐布置：炒饭、炒菜、意粉、沙拉、比萨、各种小吃、各种饮料、水果等；富人区可以布置杯、碗、餐具、餐巾等，学生可以坐着享用食物。

穷人区布置：白米饭（按每人半份的量布置）、豉油（调味用）、香蕉（数量少于人数）、吐司（数量少于人数）、清水（混入饼干碎以代表受污染）；学生需排队领取食物。

"贫富宴"体验活动的注意事项

宜	忌
学生对自己的角色和活动目标有基本的理解。	学生在毫无心理准备的情况下，被迫参与活动。
努力提高学生对活动的参与度，例如，参与准备（购买）食物、参与食物的分配、参与不同食物区的布置等，加入互动元素。	学生缺乏亲身参与，只是"吃东西"。
呈现贫困人群的立体面，让学生理解饥饿背后的原因及人为因素。 可以设计其他活动来分配贫富身份。	觉得饥饿只是纯粹"不幸""运气差"（尤其当活动只以抽签来分配贫富身份时）。
能让学生体验和代入穷人和富人的处境，对食物的占有与消耗情况建立同理心。	认为饥饿问题"事不关己""只是别人的问题"，甚至导致相反效果（在活动后决心要做个"有钱人"）。

续表

宜	忌
让学生看到穷人自强与尊严的一面，呈现他们对抗饥饿的智慧。	矮化穷人的形象，让学生认为穷人只是"无助""可怜"，甚至是"懒惰"。
多从经验和感受出发解说活动，让学生认识自己的日常生活（如饮食习惯）与饥饿问题的关联。	缺乏讨论与解说活动，学生体验完"吃"的过程就结束了。
提醒"贫富宴"只能模拟部分饥饿状况（尤其是贫富比较），鼓励学生思考更多相关问题。	忽略饥饿问题的复杂性，简化问题。
鼓励学生探索不同的解决方案，正视个人力量，以自己的个人行动支持并解决饥饿问题。	对饥饿问题采取消极态度，如"我一个人什么都做不了……"
提醒学生穷人区食物不足或稀少的原因，鼓励学生感受穷人饮食选择较少的生活处境。	学生对简单食物不感兴趣，分配在富人区的学生只顾吃东西。

3. 交流与行动

体验完"贫富宴"后，对比富人区和穷人区所剩下的食物，引导学生开展讨论，交流与分享自己的感受，重新审视全球粮食短缺与资源分配不均之间的关系。

最后，谈一谈自己个人和家庭，能为全球食物短缺做些什么？并撰写行动方案。

五、可选择的其他主题

"饥饿"是一个既陌生又熟悉的话题，对小学阶段的学生，还可以选择这样的主题：食物的生命周期分析；全球食品——出口、进口、经济作物、国际税收、贸易系统方面的挑战等。

附录：

可持续发展目标

1 无贫穷

2 零饥饿

3 良好健康与福祉

4 优质教育

5 性别平等

6 清洁饮水和卫生设施

7 经济适用的清洁能源

8 体面工作和经济增长

9 产业、创新和基础设施

10 减少不平等

11 可持续城市和社区

12 负责任消费和生产

13 气候行动

14 水下生物

15 陆地生物

16 和平、正义与强大机构

17 促进目标实现的伙伴关系

我的盘子里是什么？
停下来思考一下全球目标

我的食物走了多远才到了我的盘子里？

是谁种植或帮助生产了我的食物？

我的食物是用什么包装的？

我做的是健康的选择吗？

我浪费了多少食物？

我可以做出什么改变？我该怎样了解？

绘图：Margreet de Heer

每盘食物都有一个故事

世界最大的一节课

In Partnership with
unicef

With thanks to

回答下列问题, 并给每个问题一个分数。请参考项目说明获得指导。

	这链接到"全球目标"的数目……	😊	😐	☹️
1.你的盘子里含加工糖的食品有几样? 😊 0　😐 1　☹️ 2+		○	○	○
2.这顿餐的食材使用了几件塑料包装? 😊 0　😐 1　☹️ 2+		○	○	○
3.你的盘子里有多少食物被扔掉了? 😊 没有扔掉食物　😐 1-2匙　☹️ 3+匙		○	○	○
4.你盘子里有多少食物来自你自己的国家? 😊 所有食物　😐 某些食物　☹️ 没有食物		○	○	○
5.在我的食物从农场到盘子的过程中,相关的人得到公平对待了吗? 😊 是的,我确定他们得到了公平的对待 😐 是的,但我只确定食物之旅的一个阶段 ☹️ 我无法确定		○	○	○

按照项目说明计算总分　　　　○　○　○

完成活动表的说明

世界最大的一节课

In Partnership with unicef

With thanks to

选择你想要测试的餐食。可以是你最喜欢的餐食，也可以是你今天吃的餐食或你最近吃过的餐食。准备画出它或为它拍照。

回答问题时，如果你对有些信息可能不了解，不必担心。如有需要，请做出有根据的猜测。关键是想想你正在吃什么，以及它与全球目标之间有什么联系。

1.你的盘子里含加工糖的食物有几样？

主要词汇："加工糖"也称为"精制"或"游离"糖，是添加到食品中的糖，而非在水果、蔬菜和其他食物中发现的"天然存在的"糖。这些糖的大量消费已被证明与世界各地儿童和青年人群中日益多见的某些健康问题(包括糖尿病)有关。有时你可以选择外观看起来很好的食品，但如果你仔细观察，可能会发现它含有大量的添加糖。

如何

查找目标：
查看你的"全球目标"海报，并思考这个问题和哪个目标有联系。可能有不止一个目标。按照这种方法解决所有问题。

给你的盘子打分：
查看包装背面的成分，或询问做食物的人。

如果你认为你盘子里的食物完全不含糖，那么就给自己一个绿色的笑脸贴纸。如果你认为只含一点糖(不超过1茶匙或4克)，那么就给自己一个黄色的笑脸贴纸。如果你认为它含糖比较多，那么就给自己一个红色的笑脸贴纸。

1.你的盘子里含加工糖的食物有几样？				○ ○ ○
😀 0	😐 1	☹ 2+		

2.这顿餐的食材使用了几件塑料包装？

食材是否使用了任何塑料包装？包装物可能是保鲜膜、莎伦包装膜或食品保鲜膜、纸箱、箱包、罐或碗。你喝饮料时用塑料吸管吗？数数用了多少件塑料。

3.你的盘子里有多少食物被扔掉了？

你的盘子里食物太多，吃不完吗？如果有吃剩的食物，你是把它保存起来以后吃，还是带回家，还是扔掉？估算一下被扔掉食物有几匙？

4.你盘子里有多少食物来自你自己的国家?

想想这顿餐的食材的来源,如果可能,请查看包装。询问购买食材的人,看他们是否知道食材的产地。如果你吃的水果和蔬菜不是你居住地的应季果蔬,那么它们很可能是从别的国家运来的。如果你吃的肉类或鱼类不是来自你居住地常规饲养的动物身上,那么它也是从别处运来的。如果需要,做出有根据的猜测。

5.你盘子里有多少食物来自你自己的国家?

调查帮助生产你的食物的人受到了何种对待。

你的食品是否有品牌,或者是由一家大公司生产的?查看它们的网站,看它们是否有人权、反歧视或平等政策。查看采购你的食物的超市或食品市场的网站。你认为这是否意味着他们公平地对待所有工人。他们的政策对性别、种族、性取向、残疾和年龄有什么看法?

如果你的食物是从市场购买的或直接从农民手中购买的,考虑下次去买时询问他们。
做出有根据的猜测,给你的盘子打分。

😀　是的,我确定没有涉及强迫劳动或歧视(性别、种族、性取向、残疾、年龄或其他)。

😐　是的,但我只确定供应链中的一个阶段。

☹️　不是,他们受到了不公平的对待,或我无法确定。

如何计算你的总分:

1.计算你在每列中标记的圆圈数,在最下面一行写出每列的圆圈总数。

按照项目说明计算总分……　　　　　　　　　○　○　○

2.你拥有最多的是哪种笑脸贴纸?

第 三 节

可持续发展目标 3
良好健康与福祉

一、理解可持续发展目标

（一）目标解读

确保健康的生活方式，促进各年龄段人群的福祉。

（1）到 2030 年，消除新生儿和 5 岁以下儿童可预防的死亡，各国争取将新生儿每 1000 例活产的死亡率至少降至 12 例，5 岁以下儿童每 1000 例活产的死亡率至少降至 25 例。

（2）到 2030 年，消除艾滋病、结核病、疟疾和被忽视的热带疾病等流行病，抗击肝炎、水传播疾病和其他传染病。

（3）到 2030 年，通过预防、治疗及促进身心健康，将非传染性疾病导致的过早死亡减少 1/3。例如，加强对滥用药物包括滥用麻醉药品和有害使用酒精的预防和治疗；酌情在所有国家加强执行《世界卫生组织烟草控制框架公约》；大幅减少危险化学品及空气、水和土壤污染导致的死亡和患病人数。

（4）支持研发主要影响发展中国家的传染和非传染性疾病的疫苗和药品，提供负担得起的基本药品和疫苗。加强各国，特别是发展中国家早期预警、减少风险，以及管理国家和全球健康风险的能力。

（二）重要意义

获取良好的健康与福祉是一项人权，《2030 年可持续发展议程》提供了一个新机会，这对于建设繁荣社会非常重要。全世界在获取医疗保健方面仍然存在不平等：每年还有 600 多万儿童在 5 岁前夭折；在一些发展中国家，只有一半妇女能够获得所需的医疗保健；有些地区艾滋病与其他一些流行病还在肆虐。

二、教学目标

（一）认知领域

（1）学习者知悉健康、卫生和福祉的概念，可以进行批判性反思，包括了解性别平等对健康和福祉的重要性。

（2）学习者知悉最严重的传染性和非传染性疾病，以及最脆弱群体和地区在发病、疾病、过早死亡方面的情况和数据。

（3）学习者知晓心理健康的重要性。学习者了解歧视和欺凌等行为对心理健康和情绪状态的负面影响，知道酒精、烟草或其他药物成瘾对健康和福祉造成的损害。

（二）社会情感领域

（1）学习者能与疾患互动，并能同情其处境，体会其心情。

（2）学习者能够鼓励其他人做出有利于促进所有人的健康和福祉的决定，并开展相关行动。

（3）学习者能够承诺为自己、家人和其他人促进健康和福祉，包括考虑在健康和社会福利领域担任志愿者或从事专业工作。

（三）行为领域

（1）学习者能够在日常生活中促进健康。

（2）学习者能够为自己、家人和其他人规划、实施、评估旨在促进健康的策略。

（3）学习者有能力感知他人的帮助需求，并且有能力为自己和他人寻求帮助。

（4）学习者能够公开要求和支持制定旨在促进健康和福祉的政策。

三、阅读材料概要

（一）主题选择

"转'危'为安"重点是介绍有害垃圾和危险废物。这个主题选择直接指向"健康福祉"的目标。因为有害垃圾和危险废物都会污染土壤、水体和大气，破坏生态环境并对人类健康造成直接的威胁。对于中小学生群体来说，认识这两类物品的不同性质及不同的处理方式，特别是危险废物的管理是很重要的。

（二）内容简介

阅读材料引入一个互动问题"下面这些物品哪些是有害垃圾"，讲述了两个重要的概念：有害垃圾和危险废物。首先，有害垃圾是指生活垃圾中的有毒有害物质，主要包括废电池（镉镍电池、氧化汞电池、铅蓄电池等），废荧光灯管（日光灯管、节能灯等），废温度计，废血压计，废药品及其包装物，废油漆及其包装物，废杀虫剂、消毒剂及其包装物，废胶片及废相纸等。而危险废物是指列入《国家危险废物名录》或根据国家规定的鉴别标准和鉴别方法认定的具有毒性、腐蚀性、易燃性、反应性或者感染性一种或者几种危险特性的固体废物。用国际上重大的生态灾难——日本水俣病事件等说明危险废物对人类的严重威胁。进一步详细介绍了中国及世界对于危险废物的管理和处理措施。学以致用落实到行动中是可持续发展教育的重点。阅读材料选择了一项和小朋友们的生活非常贴近的实践活动——做一天的社区小志愿者，帮助小区居民更好地了解有害垃圾。

（三）核心问题

这篇材料的重点是要读者理解"有害垃圾"和"危险废物"这是两类不同的物品。它们的共同之处是都会对环境造成严重影响，并且直接或者间接破坏人体健康。因为它们的共性使得人们容易将它们混为一谈。所以要特别引起学生的关注。

四、典型案例设计

（一）主题选择——健康战"疫"，与菜交友

这是源于湖州市爱山小学教育集团综合实践活动小组在 2020 年新冠病毒肺炎疫情期间的一个活动，结合"良好健康福祉"目标改编而成的案例。这个案例为学生能够鼓励其他人做出有利于促进所有人的健康和福祉的决定并开展行动而设计，并希望学生能够为自己、家人和其他人规划、实施、评估旨在促进健康的策略。

（二）设计思路

活动内容	关键能力与学习目标	评价指标
确立活动主题： （1）问题的提出。 （2）头脑风暴：确立三大活动主题。	前瞻性的思考与行为： 了解、研究疫情，学习者预测疫情可能给老人买菜带来的风险。	学习者能够为家人和其他人在疫情期间规划促进健康的策略。例如，制作购物安全指南，为家人制订健康食谱等。
分主题行动： （1）按学生志愿选择主题内容，确立三大活动小组：制作购物安全指南、研究蔬菜分类保鲜。 （2）学生在家里研究，将结果上传到网上。 （3）分享交流研究成果（通过网络）。	跨学科工作能力： （1）学习者了解感染性疾病的知识，了解控制传染病的基本措施。 （2）学习运用科学方法对蔬菜储存、种植开展研究。 （3）学习者将语文、美术等相关学科知识运用到购物安全指南的制作中。 （4）学习运用信息技术手段在网上进行交流互动。	（1）学习者能制作出兼具知识性和艺术性的购物指南和展示 PPT。 （2）学习者能够通过网络完成各项活动的交流与作品的呈现。 （3）学习者能撰写出完整的蔬菜储存保鲜报告、种植方案报告。

续表

活动内容	关键能力与学习目标	评价指标
拓展和延伸： （1）健康食谱的制作和蔬菜的烹饪。 （2）有趣的蔬菜种植。 成果交流与分享： 教师组织同学们云交流、互动、合作。如召开视频会议、撰写成果报告PPT，通过网课分享自己的成果等。	反思与改进行为方式： （1）通过观察与研究，学以致用地改进家里的蔬菜储存方式。 （2）结合健康食谱思考改进自身的饮食习惯，如减少甜品和饮料的摄取。	（1）学习者能提出一份对家庭蔬菜储存方式的改进建议。 （2）学习者能制订一份家庭一周健康食谱。 （3）学习者能撰写一份关于自身饮食习惯改进的体会报告。
	激励自我与他人： 学习者积极行动，促进自己、家人和其他人的健康。	学习者能够积极投入蔬菜的种植和烹饪活动中，并鼓励其他人参与进来。

（三）活动准备

教师准备：

（1）小组和班级活动网络的组织。

（2）学生活动的相关任务单。

（3）学生各任务完成的考评量表。

学生准备：

（1）家庭电脑和网络。

（2）相关主题研究的材料准备。

（四）活动过程

1. 确立活动主题

问题的提出：居家抗疫期间，爱山小学三年级的同学们关注了家庭中蔬菜购买的问题。因为蔬菜每天都要吃，而且对保鲜要求特别高。很多家庭平时都是爷爷奶奶每天去超市和菜场购买。这种方式在疫情期间，对于老人们来讲存在较大的安全隐患。我们如何帮助爷爷奶奶解决这个难题呢？

头脑风暴：在老师的组织下，大家开展头脑风暴，同学们献计献策，想出各种主意来帮助爷爷奶奶减少每天买菜带来的感染病毒的风险。最后依据大家的投票，选出帮助爷爷奶奶的方法。

2. 分主题行动

（1）给爷爷奶奶制作外出购物的安全指南：为了让爷爷奶奶逛菜场时也能较好地进行自我保护，这组成员绘制"疫情期间菜场买菜须知"的海报，提醒爷爷奶奶要勤换口罩，买菜前后要洗手，避免与他人无防护交流等。

（2）蔬菜分类保鲜：组员们运用科学课中学到的比较观察等科学研究的方法，观察了解不同蔬菜的保存期限；通过实验探究了解叶菜类蔬菜、根菜类蔬菜、果菜类蔬菜等的有效保存方式。

常温下蔬菜的保质时间比较表（举例）

蔬菜种类	保存天数（18℃避光自然放置）
土豆	10天仍旧完好。
茄子	5天左右开始变软。
青菜	2天左右菜叶开始发黄。

冰箱存放蔬菜观察表（举例）

蔬菜种类	保存方式（冷藏）
青菜	易冻伤。
黄瓜	用塑料袋密封保存易变质；在塑料袋上戳些小孔，保存时间更长久。
土豆	土豆放冰箱一周后，颜色改变（常温避光更加适宜）。

通过同学们对不同种类蔬菜保存的对比研究，得出的结果：根菜类（土豆、莲藕、萝卜）的保存期限（10天）>果菜类（茄子、黄瓜）的保存期限（3~5天）>叶菜类（白菜）的保存期限（2天）。

3. 拓展与延伸

（1）蔬菜的烹饪：越来越多人开始重视饮食健康，居家抗疫期间，该怎么健康吃蔬菜呢？

同学们了解到有基础性疾病的老人在疫情中要特别注意饮食清淡、少食多餐。大家根据科学课上学到的有关知识进一步查找资料，同时通过询问专业人员等方法制订菜谱。同学们穿上围裙当起了小厨师，为家中的长辈奉上健康营养的餐点。

食谱

日期	种类	早餐	午餐	晚餐
周一	主食	花卷、蒸紫薯	米饭、馒头	米饭、面条
	汤	玉米粥	紫菜蛋汤	虾皮榨菜汤
	荤菜	水蒸蛋	红烧肉、清蒸鲫鱼	宫保鸡丁、红烧鱼
	蔬菜		炒青菜、土豆丝	炒白菜、番茄炒蛋
周二	主食	红糖发糕、蒸芋头	米饭、面条	米饭、花卷
	汤	燕麦粥	香菜肉丝豆腐汤	肉皮白菜汤
	荤菜	茶叶蛋	回锅肉、鱼头豆腐	海带排骨、水煮鱼
	蔬菜		炒豆芽、炒山药	炒青菜、炒土豆丝
周三	主食	葱香油饼、蒸玉米	米饭、馒头	米饭、面条
	汤	黑米粥	菌菇蛋汤	骨头白菜汤
	荤菜	荷包蛋	炖排骨、红烧鱼	可乐鸡翅、酸菜鱼
	蔬菜		炒白菜、番茄炒蛋	炒豆芽、炒山药

（2）有趣的蔬菜种植：随着活动的不断深入，同学们对研究蔬菜的兴趣越发浓厚，有的同学通过水培与土培两种方式种植了葱，发现水培葱生长速度更快。看看，这些葱长得多好！

葱的生长记录表

栽培方式 \ 天数	第三天	第五天	第七天	第八天
土培葱	1厘米	3厘米	9厘米	成功炒蛋
水培葱	3厘米	5厘米	11厘米	

大家深受启发，也都跃跃欲试，其他的蔬菜是否适合水培种植呢？芹菜、大蒜、豆芽……怎样能让蔬菜生长得更快呢？

听取了老师的建议，同学们试用了"水＋糖分＋乳酸菌"的方式，将备用液隔绝空气，加速发酵，自制了传说中的"营养液"！那么加入营养液的蔬菜是否真的生长得更快呢？同学们开展了青菜的对比种植。实验证明：加入营养液的青菜要比不加入营养液的青菜更早长出根须，生长速度更快，叶片更大、更绿、更多。

还有人尝试了"淘米水＋鸡蛋清＋水果皮"营养液，还能去除发酵后的酸臭味呢！同学们的研究还在持续……随着研究的深入，同学们发现了更多蔬菜的研究价值，比如，有的同学目前正在开展"蔬菜的色素研究"及"蔬菜的运输过程研究"，等等。

4. 研究活动分享

虽然团队不能聚在一起开展实践行动，但并不阻碍大家云交流、云互动、云合作。这样的交流活动还使大家学习到了许多信息技术知识：安装 App、制作 PPT、召开视频会议、通过网课分享自己的阶段性成果，等等。同学们的活动也会在朋友圈、班级圈发布，所以越来越多感兴趣的同学加入到了活动中。

买菜、烧菜、种菜，看似平常的家务劳动，里面却蕴含了很多的科学知识。同学们将课堂里学到的知识都运用到"健康战'疫'，与菜交友"的活动中了，观察、实验、记录、设计、制作……这些活动给予了大家很多不一样的体验。在实践活动中学生们体会到了学有所用的快乐，更体验到了能够帮助家人的那份无与伦比的幸福感与成就感！

五、可选择的其他主题

对小学生而言，结合良好健康和福祉的目标，可选择的主题还有关注弱势群体的健康问题，认识到促进健康和福祉的直接策略包括：接种疫苗、食用健康食品、加强体育锻炼、保持心理健康等；不应该对艾滋病病毒感染者、其他疾病或精神障碍患者有歧视性态度，等等。活动的方式也多种多样，如设立宣传站、观看视频、写作等。

第 四 节

可持续发展目标 4
优质教育

一、理解可持续发展目标

（一）目标解读

确保包容和公平的优质教育，让全民终身享有学习机会。具体如下：

（1）到 2030 年，确保所有男女童完成免费、公平和优质的中小学教育，并取得相关和有效的学习成果。

（2）确保所有男女童获得优质幼儿发展、看护和学前教育，为他们接受初级教育做好准备。

（3）确保所有男女平等获得负担得起的优质技术、职业和高等教育，包括大学教育。

（4）大幅增加掌握就业、体面工作和创业所需相关技能，包括技术性和职业性技能的青年和成年人数。

（5）消除教育中的性别差距，确保残疾人、土著居民和处境脆弱的儿童等弱势群体平等获得各级教育和职业培训。

（6）确保所有青年和大部分成年男女具有识字和计算能力。

（7）确保所有进行学习的人都掌握可持续发展所需的知识和技能，具体做法包括开展可持续发展、可持续生活方式、人权和性别平等方面的教育，弘扬和平和非暴力文化，提升全球公民意识，以及肯定文化多样性和文化对可持续发展的贡献。

（8）建立和改善兼顾儿童、残疾和性别平等的教育设施，为所有人提供安全、非暴力、包容和有效的学习环境。大幅增加合格教师人数，具体做法包括在发展中国家，特别是最不发达国家和小岛屿发展中国家开展师资培训方面的国际合作。

（二）重要意义

教育是实现其他可持续发展目标的关键。虽然发展中国家的初等教育入学率已经达到 91%，但仍有约 5700 万失学儿童。如果人们无法获得优质教育，就无法打破贫穷循环。因此，教育有助于减少不平等及实现性别平等。此外，教育使各地的人们过上更加健康和可持续的生活。

二、教学目标

（一）认知领域

（1）学习者理解教育和全民终身学习机会（正规、非正规和非正式学习）在改善人们的生活和实现可持续发展目标方面的重要作用。

（2）学习者认识到教育是一项公益事业，符合全世界的共同利益，不仅是一项基本人权，而且是保障其他权利实现的基础。

（3）学习者了解在获得教育方面的不平等情况，特别是男童与女童之间，以及城市与农村之间的教育不平等，并认识到缺乏平等获得优质教育和终身学习机会的原因。

（二）社会情感领域

（1）学习者能够认识到全民接受优质教育、以人为本的全纳教育、可持续发展教育的重要性。

（2）能够认识到自身的技能对于改善生活，特别是就业和创业的重要性。

（3）学习者能够公开要求和支持制定旨在促进以下方面的政策：自由、公平和优质的全民教育、可持续发展教育和相关方法，以及安全、无障碍和包容的教育设施。

（三）行为领域

（1）学习者能够在不同层面有助于促进和落实全民优质教育、可持续发展教育及相关方法。

（2）学习者能够认识到教育的内在价值，并能在个人的发展过程中分析和确定自身的学习需求。

（3）学习者终生都能利用一切机会来完善自己的教育，并在日常生活中运用所学知识促进可持续发展。

三、阅读材料概要

（一）主题选择

"敞开的校门"强调了教育的重要意义，特别是教育和"可持续发展教育"的关系，核心是尊重——尊重现代和未来的人们、尊重差异性和多样性、尊重环境、尊重我们居住的星球上的资源。

（二）内容简介

"敞开的校门"由户外活动"无痕山林"——从一种强调环境保护的户外活动原则引入，很能引发学生的关注，因为这和他们平时的生活，如春游、秋游和寒暑假户外活动息息相关。然后从人们能理解的可持续发展理念，自觉保护环境、保护大自然这一角度切入"教育"的主题——全球的教育现状，通过数据，说明全球的教育情况很不均衡。从而突出了实现"优质教育"的目标的紧迫性，即确保包容和公平的优质教育，让全民终身享有学习机会。阅读材料进一步介绍了中国的九年义务教育制度和德国的职业教育、老年教育和环境教育。让读者能更加深入地理解教育不仅仅是发生在学校，而是全民享有终身学习机会，它包括了正规、非正规和非正式学习，以及它们在改善人们的生活和实现可持续发展目标方面的重要作用。阅读材料最后的互动环节与开篇引入呼应，回到了"无痕山林"的七大原则，对照七大原则反思自己的户外活动行为并为下一次活动做好准备，学以致用，强调了"行为方式的改变"。

（三）核心问题

阅读材料围绕教育的重要意义：教育使我们能够理解自己和他人，以及我们与自然和社会环境的联系。这种理解是养成尊重自然的坚实基础，即可持续发展教育的基础。通过我们的行为和实践，使所有人的基本生活需求得以充分满足，而不是被剥夺。深刻阐明了实现"优质教育"目标的紧迫性。

四、典型案例设计

（一）主题选择——"无障碍环境"

本案例源于杭州市钱江外国语实验学校三年级学生的项目化学习活动，并结合"优质教育"目标进行加工和改编。本案例设计充分体现了优质教育的具体目标——确保包容和公平的优质教育，让全民终身享有学习机会，特别是在建立和改善兼顾儿童、残疾和性别平等的教育设施，为所有人提供安全、无暴力、包容和有效的学习环境等方面。

（二）设计思路

活动内容	关键能力与学习目标	评价指标
项目主题引入（课堂活动40分钟）： （1）情景的创设。 （2）情景体验。 （3）主题引入。 （4）团队建立。 **项目实施调研**： （1）校内调查：利用课余时间，学生以小组为单位在校内实地调研。 （2）校外调查：课外小组调查社会中的无障碍环境设施。 （3）调研报告分享（课堂活动40分钟）：展示课内外的调研报告。教师总结给出问题解决的一般流程图，进一步明确学习活动的进程和时间节点。	**公正与团结：** 能够设身处地考虑他人的生活状况；能够表现出团结行动的意愿。具体体现在学习者理解教育是一项基本人权，而且是保障实现其他权利的基础。了解在获得教育方面的不平等情况，希望能够通过校园无障碍设施的改进活动落实团结行动的意愿。	学习者能够以小组为单位积极参加校园"情景体验"活动，高质量地完成校园无障碍设施情况调研任务单1。
	跨学科工作能力： （1）学习者能够运用科学方式完成相关的观察活动。 （2）学习者将相关学科知识运用到调研报告的制作中。 （3）能综合运用相关知识设计学校无障碍设施改进方案。	按照制订好的评价量规评价： （1）调研任务单1和2。 （2）小组设计方案。 （3）建议书。
项目方案设计（课堂活动40分钟）： （1）制订方案评价量规。 （2）设计问题清单。	**反思与改进行为方式：** （1）通过观察与研究，反思教育的公平性，珍惜学习机会。 （2）反思和改进自身的学习习惯，制订学习规划。	完成项目结束后的反思报告。
方案交流与完善： （1）全班交流小组方案。 （2）小组反思改进方案。 （3）班级总结：暑期校园无障碍设施改进建议。 **项目的提升与拓展**	**理解与合作：** （1）小组分工合理。 （2）小组活动顺畅，活动质量高。	（1）完成调研任务单1和2。 （2）完成小组设计方案。

（三）活动准备

教师准备：

（1）校园无障碍环境建设的相关资料。

（2）学生活动的相关任务单。

任务单 1　"无障碍建设"调研表

序号	校园位置	发现问题	测量数据与改进计划	备注

任务单 2　项目计划书

时间	进度

学生准备：尺子和笔。

（四）活动过程

1. 项目主题引入（课堂活动 40 分钟）

（1）情景创设：教师引导学生思考，生活中帮助过哪些人，有哪些需要帮助的人，这些人来到学校会遇到什么问题？

（2）情景体验：体验只能坐轮椅或拄拐杖的生活。用几句话或者配图描述自己的感受。进一步引导学生思考——为什么我们需要关注弱势群体的出行问题，残疾人遇到困难，你能做些什么，对学校环境，你想做些什么改变？

（3）引入主题：什么是无障碍设施？暑假期间学校要进行无障碍设施的改造。现在大家都是设计者，请跟同学合作，通过实地查看，发现校园无障碍设施存在的问题，尝试设计出符合无障碍标准的改进方案，最终给校长提出我们的建议。教师要明确学习活动进程和时间节点，以及提交材料的要求。

学校无障碍设施排查重点：无障碍出入口、轮椅坡道、扶手、无障碍厕所、无障碍标识、无障碍电梯、缘石坡道、无障碍车位。做到进得去、走得通、看得见。

（4）学生团队建立：根据不同地点，厕所、电梯、楼梯、坡道、转角分团队小组。讨论分工：团队成员包括设计师、制作员、汇报员、心理员、保障员。团队讨论并签署团队协议。

2. 项目设施调研（课内外活动结合）

（1）校内调查：利用课余时间开展校内实地调研，并详细记录地点、发现的问题，提出方案。

（2）校外调查：调查社会中的无障碍环境设施。课后调查社会中现有的无障碍环境设施，记录并提出优点或改进建议。

（3）调研报告分享：课上分享交流现场调研报告。师生讨论问题解决流程图。

3. 项目方案设计（课堂活动 40 分钟）

（1）方案评价量规：合格的校园无障碍设施包含哪些内容和要求。形成设计要点及评价量规，师生进一步探讨和确立评价标准。老师介绍设计思路及方法，并明确学习活动的进程和时间节点，以及提交材料的要求。

（2）问题清单：引导学生独立思考，针对要解决的问题，如自己在知识结构方面的优势和不足，知道如何弥补不足之处。同时教师针对学生存在的问题也提供一些参考资料。

4. 项目方案交流和完善（课堂活动 40 分钟）

（1）全班交流：小组介绍设计方案，不同团队相互提建议。

（2）小组反思：根据其他小组的建议和评价量规完善设计方案。

（3）班级总结：给校长写一封信——关于暑期校园无障碍设施的改进建议。

5. 项目提升与拓展

（1）学生反思报告：对于"平等的优质教育和终身学习机会"你有什么体会、建议和自我规划？

（2）教师可以根据学生的实际情况设计相关的反思报告单；分析学生反思报告单中存在的问题，形成新的项目活动主题，如可以组织开展辩论会等活动。

五、可选择的其他主题

对中小学生来说，可以选择的主题应是和他们切身相关的问题，如 21 世纪人们需要的基本技能和综合能力，以及如何促进自身这些能力发展；和世界不同地区的中小学之间发展伙伴关系，促进学生理解多样化和包容的可持续发展教育的内涵，包括愿景、现实和存在问题的分析；参与"教师节"活动的策划和举办；高年级同学还可以参与全球教育行动周，在当地组织开展可持续发展教育日活动，如开展题为"什么是可持续学校？"的调查项目，等等。

第五节

可持续发展目标 5
性别平等

一、理解可持续发展目标

（一）概念解读

性别平等不仅是一项基本人权，也是世界和平、繁荣和可持续发展的必要基础。目前，1/5 的 15～49 岁女性在 12 个月内遭受过亲密伴侣的人身暴力或性暴力。但是世界上仍有 49 个国家还未出台保护妇女免受家庭暴力的法律。在许多国家，男孩与女孩的入学率仍然存在较大的差异。在职业工作中，女性受到不平等待遇的现象屡见不鲜。性别平等是一项原则，规定所有人得到平等对待。尽管存在生理差异，但仍享有相同的权利，性别不应该成为阻挡他们在学校和生活中获得成功的因素。让妇女和女童获得教育、保健、良好工作，并参与政治经济决策，能够有效地促进人类经济、社会、文化的可持续发展，造福全社会和人类。

（二）重要意义

可持续发展目标 5 性别平等旨在保证女性拥有同男性一样的权利，获得公平的资源，受到平等的对待。妇女和女童约占世界人口的一半，因此也占世界潜力的一半。实现地位、资源、职业、角色等方面的性别平等，制定法律根除针对妇女的有害行为，对于消除世界上许多国家存在的性别歧视至关重要。

二、教学目标

（一）认知领域

（1）学习者能够知晓同性与异性在身体、心理上的差别。

（2）学习者了解性别、性别平等和性别歧视等概念，能够辨别性别歧视、暴力和不平等现象。

（3）学习者了解性别平等，男女拥有平等的机会获得社会资源、参与立法和公共决策给人类社会带来的好处。

（二）社会情感领域

（1）学习者能够反思自己的性别角色和性别身份。

（2）学习者能批判性地思考传统的性别角色、职业和家庭观念。

（3）学习者能够同情和声援那些不符合个人或社会的性别期望和角色的人。

（三）行为领域

（1）学习者能够清楚地认识自己的喜好，包容自己与他人多元的性别角色意识和行为表现。

（2）学习者能主动体验不同的性别角色，改变自己刻板的性别印象观念。

（3）学习者能够支持他人跨越性别的表现和行为，打破性别歧视，制止性别暴力。

三、阅读材料概要

（一）主题选择

性别平等是联合国可持续发展目标中的第五项目标，其总体描述为：实现性别平等，增强所有妇女和女童的权能。联合国妇女署指出，要充分实现男女平权和机会平等，我们还有很长的路要走。不论是结束各种形式的性别暴力，还是保证所有人有平等的机会获得优质的教育和卫生服务，公平地享有经济资源和参与政治生活的权利，都是至关重要的。同时，享有平等的机会参与就业和担任各级领导及决策职位也同样重要。中华人民共和国成立以来，政府倡导男女平等，中国女性纷纷接受文化教育、吸收新思想，家庭地位、社会地位迅速提高，成为名副其实的"半边天"。

（二）内容简介

"撕掉标签"从熟悉的日常生活切入，让学生思考不同性别能够从事的职业，从而引入对性别平等的探讨。阅读材料列举了生活中的刻板印象，包括词源偏见、个性偏见、职业偏见等，阐述了西方女权主义运动和中国保护女性权益的法律和组织，以及在过去的 50 年，女性在生育和劳动参与方面表现出来的地位提升。阅读材料指出，男性权利也应该受到保护。

（三）核心问题

性别平等这一主题，关键是要让学生打破传统的性别刻板印象，学习接受、包容多元的性别角色和行为表现，并能够支持他人跨越性别的表现和行为。对于高年级的小学生，还应积极地思考自己的性别角色意识，思考自己未来的职业倾向。

四、典型案例设计

（一）主题选择——性别你我他

这一主题由三项活动组成。学生通过活动 1 "阿妞一家"，体验打破传统的"男主外、女主内"的社会性别刻板印象，认识社会和家庭角色的分工更以个人的能力和擅长为主，而不是由性别来决定。通过活动 2 "性别刻板印象大讨论"，引导学生深入认识自身的特质，帮助学生理解性别角色期望，塑造符合自己特点的人格特质。学生通过活动 3 "性别大调查"，进一步了解当前社会各个领域中依然普遍存在的性别刻板印象，学习接受、包容多元的性别角色意识和表现需要打破现有的传统观念，在此基础上，学生能与他人合作提出支持性别平等的措施和方案。

（二）设计思路

活动内容	关键能力与学习目标	评价指标
活动 1：阿妞一家 将故事改编成剧本并演出。 **活动 2**："性别刻板印象"大讨论 （1）暖身操。 （2）案例分析——"假小子的烦恼"。 （3）特质大搜索：性别角色标准和性别刻板印象。	**国际视野：** 学习者能够在复杂的社会结构下认识偏见、歧视，并表达对这些想法的反对；能够评价不同的行为模式。	（1）学习者能够认识到传统的家庭角色分工观念，如"男主外、女主内"是一种性别刻板印象（即社会偏见）。 （2）学习者能够接受、包容多元的性别角色意识和表现，如女生喜欢工程机械类玩具，男生喜欢色彩绚丽、漂亮的服装。
	理解与合作： 学习者能够理解他人并接受不同的视角，能够表达自己的想法和建议；学习者能够与他人合作完成小组任务。	（1）学习者在课堂讨论中能够表达自己的想法，接受别人的观点，提出合理的质疑。 （2）学习者通过合作能够完成《阿妞一家》的剧本写作与表演。 （3）学习者能够在教师的帮助下参与小组调研活动，与小组成员合作完成调研报告。

活动内容	关键能力与学习目标	评价指标
活动3：性别大调查 学生按照不同领域分组，如校园、家庭、职场等展开大调查，学生了解性别歧视、性别不平等现象，探讨支持性别平等、性别多元角色的措施和方案。	**激励自我与他人**： 学习者能够认识自己的喜好、身心特点；学习者能够设身处地地考虑他人的心理状况、不同的特点与喜好；能够鼓励和支持他人发展自己的兴趣。	（1）学习者能够认识自己喜欢什么样的玩具、喜欢什么样的服装打扮、喜欢的偶像是谁、如何表达情感与情绪等。 （2）学习者能够了解和尊重好朋友的喜好、特点，例如，好朋友喜欢什么样的偶像、最擅长做什么事情，并支持和鼓励好朋友按照他们自己的兴趣发展特长。
	反思与改进行为方式： 学习者能够正确评价自己与他人的生活方式，以及对社会和环境的影响。	（1）学习者能够参与家庭的讨论与决策，在力所能及的范围内分担家庭的责任（家庭和个人开支的预算、购物、家务劳动等）。 （2）学习者能够反思自己和家庭成员的性别角色和性别身份，能够认识、接受和包容多元的性别角色和性别身份，例如，感知父母不一样的情绪表达和问题解决方式。

（三）活动准备

教师准备（活动1）：

（1）剧本表演的场地。

（2）剧本改编与表演评价表。

（3）"性别刻板印象"问题讨论清单。

教师准备（活动2）：外出调研的安全事项与要求。

学生准备（活动1）：表演道具。

学生准备（活动2）：为外出调研做好相应的准备（如交通信息）。

（四）活动过程

1. 活动 1：阿妞一家

（1）阅读《阿妞一家》的故事。

阿妞一家住在猫咪村，家里有 4 位成员，爸爸、妈妈，还有阿妞和妹妹两姐妹。

阿妞的妈妈是一位猎人。每天一大早，妈妈会外出去打猎。阿妞的爸爸都会为妈妈准备好打猎的工具。

每年，村子里都会举办"最佳猎人比赛"。阿妞的妈妈不但射箭射得最准，而且爬树爬得最高，她总是能捕到最多的猎物。

阿妞的爸爸是一位家务达人。他不但会把家里打扫得干干净净，还烧得一手好菜。爸爸每天都为全家人准备丰盛的美食。

有时，邻居小美阿姨要去买菜，会把自己的宝宝托给爸爸照顾；有时，花花阿姨生病了，要去看医生，会把自己的宝宝托给爸爸照顾；有时，兰兰阿姨要去剪头发，也会把自己的宝宝托给爸爸照顾。

就算一次要照顾那么多宝宝，爸爸依然能让宝宝们不吵也不闹，每个宝宝都玩得开开心心。所以，爸爸不但是一位家务达人，更是一位小朋友热爱的超级奶爸。

阿妞最喜欢和妹妹一起玩。她们有时会玩洋娃娃，替娃娃设计各种漂亮的服装造型；也会一起玩小火车，玩拼插玩具，用拼插玩具组合出各种各样的小火车，她们是小小工程师。

这些游戏都让她们觉得有趣极了，两人常常忘了时间。

这么棒的爸爸妈妈，是阿妞姐妹心目中的偶像。

虽然，阿妞和妹妹还不知道长大后要做什么，是会像妈妈，还是像爸爸一样。但是，她们相信，好好努力，一定能找到自己最擅长的事。

（2）教师事先与学生分享"剧本表演评价表"，布置将故事改编成剧本的任务，并将学生分组。

（3）全班分小组活动，小组成员分工将《阿妞一家》的故事改编成剧本，包括台词设计、服装设计、道具设计等。

（4）小组表演剧本。

剧本表演评价表（每项最高分 10 分，共 150 分）

评价内容	评价指标	得分
剧本对故事结构的呼应与表现	能将阅读的故事主题通顺地编写成剧本。	
	能呈现故事要表达的主要思想。	
	具有完整的人物与情节。	
剧本的设计	台词设计符合角色性格，完整。	
	表情设计符合角色性格。	
	服装设计合理、易制作，符合角色性格。	
	道具设计合理、易制作，符合角色性格。	
剧本的表演	表演者吐咬字清晰，声音洪亮，具有感染力。	
	表演者表情丰富，能够恰当地表现角色性格。	
	表演者动作自然大方，台风自然、稳健。	
	整个布景（包括音乐、灯光等）和道具能恰当表现故事的主题。	
小组合作的表现	每个人的任务分工明确，各自能够完成自己的分工（包括剧本撰写的分工、剧本设计的分工和剧本表演的分工）。	
	当小组成员有不同意见时，协商解决问题。	
	小组成员在舞台上表演时相互配合。	
	表演完成后，及时收拾道具，对剧本的撰写、设计和表演做出反思。	

（5）表演结束，教师与学生一起探讨如下问题。

反思问题清单

内容	采访摘要
阿妞的妈妈外出打猎，爸爸则是家庭主夫，生活在这样的家庭你有什么感受？	
阿妞和妹妹都玩些什么游戏？这些游戏适合她们玩吗？	
你的朋友或是你自己，是否有一些兴趣和爱好是与别人不同的，特别是因为你的性别而受到他人的质疑的？	
怎么看待与你不同的人？如何与他们相处？	

2. 活动2："性别刻板印象"课堂大讨论

（1）暖身操——采用头脑风暴法进行"印象·男生女生"活动。

教师将全班同学分成4～6人的小组。各小组成员围成圆圈而坐。教师提问，学生讨论。

"印象·男生女生"问题清单

内容	采访摘要
说起男生、女生，你马上会联想到什么词语？	
如果用动物来代表男生和女生，你会选择什么动物？为什么？	
如果用植物来代表男生和女生，你会选择什么植物？为什么？	
你觉得男生和女生有哪些差别？	

（2）案例分析——假小子的烦恼

如今校园里，不少女生性格爽朗，许多女生梳着超短发，穿着宽松肥大的运动休闲服，打扮得像男孩一样。相比之下，有些男学生则举止文静，性格柔弱，缺少阳刚之气。有一个真实的案例，一个女生因为男性化的外在打扮和言行，引起了同学的非议。

就以上案例展开讨论。

"假小子的烦恼"问题清单

内容	采访摘要
你怎么看待这个女生？	
你觉得这个女生应该怎么做？这么做的结果是什么？	
你觉得周围的人应该怎么做？	
如果这个女生是你的好朋友,你会怎么做？	

（3）特质大搜索——性别角色标准和性别刻板印象

性别角色标准：适合男性或女性的价值观、动机和行为模式，反映出人们对社会成员的性别的刻板印象，例如，期待男性扮演的是维持生计或成为家里顶梁柱的角色。

刻板印象与角色性别期待不仅对性格特质塑造造成影响，也对职业生涯规划会有影响，例如，受限于社会刻板印象，更多由女性从事的职业是护士、幼儿园教师、保姆，更多由男性担任的职业是科学家、工程师、卡车司机等。

"刻板印象"问题清单

内容	采访摘要
男生和女生的差别是由哪些原因导致的（生理差别、心理差别、家庭观念、学校教育、社会习俗等）？	
从小到大,有没有对你影响至深的人、事、物,促成你发现自我的能力、兴趣之所在？	
你是否曾经受到传统"男理工、女人文"（或"女孩要做一个淑女,男孩要做一个绅士"之类的）的性别框框的影响？	
这种影响和压力主要来自哪里（家庭观念、学校教育、公共媒体、社会习俗等）？	

（4）教师总结。在我们疾呼"性别平等"的口号时，所追求的不是要男生都成为一样的人，女生都做相同的事，而是让每个人在人生的发展上拥有相同

的空间、机会和资源，要排除性别刻板印象在人生路途上对人们造成的阻力，消除性别标准、性别刻板印象等，打破简单的性别二分法，拥抱多元的性别角色。美国著名演员、节目主持人奥普拉·温弗里曾说，人生的大秘密是没有大秘密。不管你的目标是什么，如果你愿意努力，你就可以达成。因此，成功的秘诀在于你是否愿意努力，而绝非性别。

3. 活动3：性别平等大调查

性别角色标准、性别刻板印象在我们当前社会各个领域依然普遍存在，我们需要去进一步认识、了解这些问题，才可以打破条条框框，提出有针对性的性别平等措施和方案。

（1）教师引导学生讨论在家庭、校园、职场，以及社会公共领域（如媒体）等不同场合存在的性别刻板印象，将性别调查领域分为家庭领域、校园领域、职场领域，以及社会公共领域四大领域。

（2）学生按自己的兴趣自愿分组，选择调研领域，并制订调研计划（包括调研的方式、调研的对象、调研时间、调研的内容、分工等）。

（3）学生通过采访、观察、信息检索等方式开展调查研究。

（4）调查开始以前，教师可以在调研内容上为学生提供指导，以帮助学生形成调研方案（以下面表格为例）。

家庭领域：调研对象以父母、亲戚等长辈为主，了解他们在家庭中承担的责任、实际的付出、其他人的期待和要求等。

家庭性别平等情况调查表

项目	对象1	对象2	对象3
性别			
职业			
受教育程度			
工作时长			
承担的家务劳动			

续表

项目	对象1	对象2	对象3
睡眠时间			
每月收入			
是否参与家中的预算开支等一些财务管理			
是否参与家中的决策（如果是，一般在哪些方面参与决策）			

校园领域：调研对象以同学为主，从受表扬批评频率、劳动分配、衣着发型要求、校园霸凌等方面了解性别刻板印象。

校园性别平等情况调查表

项目	对象1	对象2	对象3
性别			
衣着要求与自己的喜好			
发型要求与自己的喜好			
受表扬的情况			
受批评的情况			
承担的校园劳动			
是否受到过他人的欺负			
父母的期待			
老师的期待			

职场领域：调研对象可以是学校老师、邻居、父母、长辈亲戚，了解他们在求职、加班、薪酬、升职、失业等方面是否因为性别受到了不平等对待。

职场性别平等情况调查表

项目	对象1	对象2	对象3
性别			
受教育程度			
职业			
求职（或职业）要求			
收入			
加班频率			
升职机会			
失业危机			
是否受到过职场性骚扰			

社会公共领域：通过媒体新闻、信息检索、街头采访等方式了解社会对性别平等的看法，对不同性别的道德要求、责任要求，对"男保姆"等隐含性别刻板印象的言论的看法，等等。

社会公共领域性别平等调查表

项目	对象1	对象2	对象3
性别			
受教育程度			
职业			
求职（或职业）要求			
职业要求是否对性别有要求（隐性要求）			
社会文化是否依据性别有不同标准			

（5）调研完成以后，小组共同完成调研报告，根据调研报告的结果，提出有针对性的性别平等措施和可行的行动方案。

五、可选择的其他主题

关于"性别平等"这一目标，还可以选择以下这些主题来探索：通过信息检索的调研方式比较不同国家中性别刻板印象、性别角色认知，以及保护妇女、儿童的法律法规；探索历史长河中性别印象的演变；调查自然灾害、疾病（如洪水、疫情等）对妇女、女童、男子和男童产生的不同影响（如学习、健康、就业等方面）。

第六节

可持续发展目标6
清洁饮水和卫生设施

一、理解可持续发展目标

（一）概念解读

人人享有清洁的饮用水是我们理想生活的一个重要组成部分，但是水资源匮乏影响着全球超过 40% 的人口。自 1990 年以来，已有 21 亿人的饮用水和卫生条件得到改善，2011 年的调查显示，仍然有 41 个国家水资源紧张，其中 10 个国家的水资源几近枯竭，不得不依赖非常规水资源。全球变暖、日益严重的干旱和荒漠化也在加重水资源匮乏的趋势。

保障到 2030 年人人享有安全和负担得起的饮用水，这一目标要求我们投资建设足够的基础设施及卫生设施，节约用水，并保护我们有限的水资源。同时，保护并恢复森林、山川、湿地、河流等与水资源相关的生态系统，也能够有效地帮助我们应对水资源短缺的问题。

（二）重要意义

联合国估计，从 2016 年到 2030 年，在 140 个中低收入国家实现普遍获得安全饮用水与卫生设施的目标的成本约为 1.7 万亿美元，即每年 1140 亿美元。在大多数地区，这项投资的效益成本比已呈现出显著的正回报，个人卫生方面的回报率甚至更高，因为在许多情况下，个人卫生服务可以大大提高健康成果，而且几乎不需要额外建设昂贵的基础设施。2019年底开始，新冠病毒肺炎疫情在全球蔓延，受到打击最为严重的是世界上最弱势的群体，其中很多人生活在非正规居住区及城市贫民窟。在全球范围内，2/5的人口缺乏基本的洗手设施。手部清洁对于预防新冠病毒的传播极为重要。

二、教学目标

（一）认知领域

（1）学习者能够深刻认识到，水是生命存在的基本条件。

（2）学习者了解当地水资源的状态，认识水质污染的原因和后果。

（3）学习者知晓安全饮用水和卫生设施在不同地区、国家的不平等分布。

（二）社会情感领域

（1）学习者能够明白每一位社会成员对水资源的保护和利用都负有责任。

（2）学习者能够就防治水质污染、用水和节水措施进行交流，并宣传成功的做法。

（3）学习者能够看到良好卫生设施和卫生标准的价值，乐意参与节约用水、保护水资源的活动。

（三）行为领域

（1）学习者能够减少自己的水足迹，在日常生活中节约用水。

（2）学习者能够参与所在团体、社区的促进水质改善、安全用水的行动。

（3）学习者能够为本校、社区、当地企业提出污水处理的策略和方案，并力所能及地影响有关决策。

三、阅读材料概要

（一）主题选择

水是生命之源，是我们身体成长和健康所必需的。学生对水的议题比较熟悉，学生每日都使用水、饮用水。在日常生活中，学生时时会听到"节约用水"的宣传和教导，但是对于水污染的形成过程和原因、对污水的治理与成本的投入则了解不多。讨论水的生态治理过程，能让学生体会到水污染给我们带来的后果，并知晓生态治理需要付出大量的成本和漫长的时间。本学习材料比较适合低、中年级的小学生阅读。

（二）内容简介

"小丑河的变身"以拟人的手法描述了小丑河自己的水质变化过程——从原来干净的水到被工业污水和生活废水污染，然后通过做好"防、治、管"等环环相扣的工作，使受到严重污染的水又重新恢复了清澈洁净，能被人们重新使用，改善了我们的生活环境。阅读材料重点在小丑河的生态治理过程，详细地描述了"防"（包括防止有害的农业污水、生活污水和工业污水进入河中）、"治"（包括构建绿化带、通过人工和科技手段治理已经被污染的水质）、管（包括制定、完善政策、法规和加强宣传教育），倡导保护水资源需要每个人的努力。最后，设计了一个动手活动，用日常生活的材料制作一个简易的滤水装置，能提高学生的参与性和动手能力。

（三）核心问题

这一主题关键是要让学生体会到清洁饮用水和卫生设施对于我们每一个人生命的重要性。对于低、中年级的小学生，需要认识到每个人都有责任节约用水，保护水资源。对于高年级的小学生，则需要参与到保护水资源、促进当地水质改善的行动中。

四、典型案例设计

（一）主题选择——水和我们生活的世界

这是一个跨学科的活动，学生通过这个活动了解世界和中国水资源的分布。调查当地的水资源情况，了解当地水污染状况和水质量。最后动手制作一个滤水器。

（二）设计思路

活动内容	关键能力与学习目标	评价指标
活动1：地球水资源 （1）活动前，布置水资源的信息查找任务。 （2）通过活动体验全球水资源的分布与水资源的短缺。 （3）活动后，完成中国水资源报告。	**国际视野**： 能够认识世界水资源的分布、总量和人均水资源量等现状；能够认识中国各地的水资源分布现状与水资源问题。	（1）完成世界水资源信息的搜索与记录表格。 （2）参与体验水的活动，按照要求完成任务。
活动2：考察当地的水源地 （1）课堂讨论：学习水质量的检测内容，制订考察计划。 （2）实地考察水域。 （3）回校用工具检测水质，完成考察报告。 （4）分享与交流。	**跨学科工作能力**： 通过调查和观察活动，学生形成观察问题的能力、实验操作能力；能够用多种方式表达调查与实验的结果。	（1）实验过程严谨细致，观察记录完整，且方法多样，如有视频、照片、绘画和文字等。 （2）完成水域调查报告。 （3）设计出图文并茂的海报。
	计划与行动： （1）能够通过小组合作制订水域考察方案，并按照方案实施行动。 （2）能够动手设计与制作滤水器，并不断改进设计方案以提高滤水器的效果。	（1）小组活动分工明确。 （2）能倾听他人的意见，并能提出建设性的建议。 （3）小组成员能合作完成任务。
活动3：设计与制作一个滤水器 （1）组织学生测试和比较不同材料的过滤效果。 （2）让学生动手试一试。 （3）比一比，学生设计与制作的过滤器哪一个过滤效果好。	**反思与改进行为方式**： 学习者能够正确评价自己与他人的生活方式，以及对社会和环境的影响；学习者能够参与保护水资源的行动。	（1）学习者能够列出个人与家庭用水清单，在日常生活中做到节约用水，例如，在刷牙、涂抹浴液时关闭水龙头。 （2）学习者参与学校、团体、社区中促进水质改善、安全用水的宣传活动。

（三）活动准备

教师准备（活动1）：

世界水资源相关表格。

教师准备（活动2）：

（1）教师课前实地踏勘可供学生考察的河流、池塘或湖泊，选定4、5个地点。

（2）实地考察用到的工具和仪器：水桶、绳子、采集水样的瓶子、试管、温度计、显微镜、pH试纸、浊度色卡、溶氧量检测仪、水域考察报告单等。

（3）外出调研的安全事项与要求。

教师准备（活动3）：

（1）易耗品（仅供参考）：塑料瓶、水样、食用色素、油、沙子、活性炭、黄豆、脱脂棉、纸巾、纱布、海绵、吸管等。

（2）非易耗品（仅供参考）：量杯、玻璃棒、剪刀、秒表等。

学生准备（活动1）：

电脑、相关书籍等。

学生准备（活动2）：

为外出调研做好相应的准备（如交通信息、相机或手机）。

（四）活动过程

1. 活动1：地球水资源

水是生命之源。地球上的动物和植物都需要水。从沙漠中坚强的仙人掌到黏人的蜗牛，再到人类，离开水都无法存活。

活动前，教师布置任务，让学生利用电脑、网络等完成下面的表格。

地球水资源的类型与储量

水资源的类型	储量

续表

水资源的类型	储量
……	
总量	

水资源在全球的分布及人均占有量

项目 ＼ 大洲(全球)	亚洲	欧洲	北美洲	南美洲	非洲	大洋洲	南极洲	全球
水资源的总量								
人口								
平均每人淡水占有量								

活动中：

（1）地球上的可用之水到底有多少？

将全班分成 2 人一组，每一组有 2 个 1000 毫升的水瓶，其中一瓶装满 1000 毫升的水，若将地球上所有的水比作 1000 毫升的水，我们人类可以正常使用的水有多少呢？请将能够使用的水的量倒在空瓶中。

请同学们解释他们是怎么得出"地球上的可用之水到底有多少"这个问题的答案的。

（提示：地球上水的总储量为 13.86×10^9 亿立方米，但除去海洋等盐水资源外，只有 2.5% 的水为淡水，淡水又主要以冰川和深层地下水的形式存在，河流和湖泊中的淡水仅占世界总水量的 0.3%。）

（2）我的水

第一轮活动：将全班同学分成两大组（每组 10～15 人），每位同学前面放一个水杯，给每组同学总量 300 毫升的水，让同学依次将自己所需的水量倒入杯中，看一看，每个人的杯中有多少水。

第二轮活动：将全班同学分成两大组（每组 10～15 人），每位同学前面放一个水杯，给每组同学总量 300 毫升的水，规定每位同学最多只可以倒 50 毫升的水，看一看，每个人的杯中有多少水。

第三轮活动：将全班同学分成两大组（每组 10～15 人左右），每位同学前面放一个水杯，给每组同学总量 300 毫升的水，规定每位同学最多只可以倒 30 毫升的水，看一看，每个人的杯中有多少水。

教师组织学生讨论：当我们使用水时，我们要考虑什么问题？我们可以怎么做？

活动后，完成报告。

中国水资源报告

项目	数据 / 讨论
中国水资源总量	
中国水资源人均占有量	
中国水资源的时间分布	
中国水资源的空间分布	
中国主要的缺水地区	
中国水资源的主要问题 （水资源短缺、水污染和生态退化等）	

2. 活动 2：考察当地的水域

（1）课堂讨论：学习水质量的检测内容，制订考察计划。

导入：教师提问，学校附近有哪些水域？如何获知这些水域的水质量？

观察受污染的水域的图片，让学生思考并讨论，这些水域的颜色、水上漂浮物、水域周围的情况，认识水污染。

如果要获取某一水域的水质，我们可以怎么做，可以收集哪些信息？（引入水域考察）。

教师将水域调查报告任务单分给学生，并将学生分组，每组讨论并形成小组考察计划，包括目的、地点、时间、器材、考察程序、考察内容、人员分工等。讨论的时候，让学生理解温度、水的浊度、水的溶氧量、水的 pH 值等概念，以及这些值是如何表征水域的质量的。

（2）实地考察水域。

组织学生实地考察、取样，可以对水域不同地点进行多次取样。考察地点宜离学校较近，强调纪律与安全规则。

考察时先看水域周围是什么样的环境，有没有废水排放；再看看水的颜色怎么样，水里有没有动植物，水面有没有污染物，对照任务单，记录观察的结果。

取一瓶水样，带回学校进行检验观察。

（3）回校用工具检测水质，对采回的水样进行进一步观察（将水样分在不同的试管中），完成考察报告。

（4）检测水质的方法。测量水样的温度；把水样静置一段时间后，看有没有杂质沉淀下来，杂质是什么，用浊度色卡和显微镜观察水的浊度；用 pH 试纸检验水的酸碱度；用溶氧检测仪检测水的溶氧量（也可以用碘量法）；用显微镜观察水样中是否有微生物。

水域调查报告

项目		观察情况 / 数据
水域的水质情况（通过感官观察）	颜色	
	气味	
	是否浑浊	
	是否有油污	
	水中的杂物	
水域周围的环境	是否有居民	
	是否有工厂	
	是否有农场	
	周围的生物	
水域的水质情况（通过仪器观察）	水的温度（温度计）	
	水的浊度（显微镜、浊度色卡）	

项目		观察情况 / 数据
水域的水质情况 （通过仪器观察）	水的酸碱度 （pH 试纸）	
	水的溶氧量 （溶氧检测仪）	
	水中的微生物 （显微镜）	
通过实地考察，我对水域的评价		
我对这一水域的建议		

（4）分享与交流

学生根据调查报告设计与制作这一水域的海报。教师将海报张贴在教室墙上，学生通过"画廊漫步"（Gallery Walk）的方式了解其他小组的调研考察。每个小组做分享报告，交流考察结果。

（5）教师组织全班同学讨论。

讨论表

问题	讨论摘要
当地有哪些水资源？	
当地水资源的水质总体情况。	
当地水资源的水质对周围人们产生的影响。	
当地水资源主要的污染源是什么？	
为了提高当地的水资源质量，我们可以怎么做？	
为了保护当地的水资源，我们可以怎么做？	

3. 活动 3：设计与制作一个滤水器

在中国偏远的农村地区，有许多人依赖井水、河水等天然水作为生活用水。随着农业、工业的发展，这些天然水可能会受到不同程度的污染。教师提问，并让学生思考：你能帮他们设计一个简易的价格低廉的滤水器吗？

（1）组织学生测试和比较不同材料的过滤效果。

在生活中，石子、沙子、活性炭、黄豆、脱脂棉、纸巾、纱布、海绵都是常见并可以用来净水的材料。组织学生测试不同材料的过滤时间和过滤效果。引导学生思考其他的净水方法。

为了获得更理想的过滤效果（过滤水的清澈程度）和过滤效率（过滤一定量的水所耗费的时间），需要对材料进行测试。

（2）让学生动手试一试。

① 洗净瓶子，剪下底部。

② 在瓶盖上扎几个小孔，将瓶盖拧回。将瓶口朝下，这样就形成了一个类似于漏斗的容器。

③ 取一定量的石头放到容器中（厚度5厘米），倒入一杯水样，让水样经过滤材流到干净的烧杯中，观察并记录水样的前后变化和所需的时间。多试几次，取平均值，记入表格中。增加厚度，重复实验。

④ 再选取其他材料重复实验，你发现了什么，得出了什么结论，与班级同学交流你的发现与结论。

想一想，如果要去掉污水里的油脂和色素，应该选择什么样的材料呢？请选择合适的材料，并且测试。

（3）比一比：组织学生设计一个由多种材料组合的过滤器。

组织学生重新思考问题，全班讨论形成简易过滤器的评价标准。

过滤器评价标准

评价内容	评价标准
过滤效果	
过滤的时间	
成本控制	
结构与创意	

小组讨论简易过滤器的过滤材料，以及各种材料的限制因素，设计由多种过滤材料组合的简易过滤器模型（可以形成多个方案）。

过滤器模型

顺序 / 厚度 ＼ 方案	方案一	方案二	方案三
所用材料的顺序			
所用材料的厚度			

学生依据设计图和制作方案，选取材料制作简易过滤器。在制作过程中若有修改方案，要完整记录评估与优化过程。

最后，以小组为单位，教师组织全班同学进行过滤器的效果和效率评比。

五、可选择的其他主题

关于"清洁饮水和卫生设施"这一目标，还可以选择以下这些主题来探索：水和人类的生活，例如，水足迹（除了洗脸、刷牙、洗澡等日常用水，我们的食物、穿的衣服、所使用的任何工具在生产时都包含着水的消耗）；水的危害（包括各种水灾如暴雨、洪水等）；考察当地的公司、工厂，了解废水处理的过程；考察自来水厂，了解洁净用水是如何获得的，要投入多少资金和成本等。

第七节

可持续发展目标 7
经济适用的清洁能源

一、理解可持续发展目标

（一）目标解读

确保人人获得负担得起的、可靠和可持续的现代能源。具体目标如下：

（1）大幅增加可再生能源在全球能源结构中的比例；全球能效改善率提高一倍。

（2）加强国际合作，促进获取清洁能源的研究和技术，包括可再生能源、能效，以及先进和更清洁的化石燃料技术，并促进对能源基础设施和清洁能源技术的投资。

（3）增建基础设施并进行技术升级，以便根据发展中国家，特别是最不发达国家、小岛屿发展中国家和内陆发展中国家各自的支持方案，为所有人提供可持续的现代能源服务。

（二）重要意义

能源是当今世界共同关心的问题。世界人口不断增长，对于可负担能源的需求也日益增多。全球经济依赖化石燃料，温室气体排放量不断增加，人类活动导致气候变化，这将对地球的每个角落产生切实可见的影响。

二、教学目标

（一）认知领域

（1）学习者熟悉不同的能源资源（可再生和不可再生能源）及其各自的优缺点，包括对环境的影响、使用情况、能源安全，以及不同能源在当地、全国和全球能源结构中的地位。

（2）学习者理解能源效率等概念，了解旨在实现能效自给的社会技术策略和政策。

（3）学习者知道不可持续的能源生产的有害影响，懂得可再生能源技术如何帮助推动可持续发展，并认识到新技术和创新技术，特别是各国之间的技术合作的必要性。

（二）社会情感领域

（1）学习者能够了解其他人、其他国家或地区对负担得起、可靠、可持续的清洁能源的需求。

（2）学习者能尝试说明有关能源生产和使用的规范和价值观，并从效率和充足性两方面思考和评估本地区的能源使用情况。

（3）学习者能设想本国可靠、可持续能源生产、供应和使用的情景。

（三）行为领域

（1）学习者能够在日常的学习和生活中，结合相关知识鉴别电器产品的能源的效率。

（2）学习者能够有意识地选择经济适用和清洁能源的产品。

（3）学习者能够运用相关知识分析各类大型能源项目，如风力发电厂、水力发电工程等对不同利益相关群体（包括大自然在内）的冲击和长期影响。

三、阅读材料概要

（一）主题选择

"发光的垃圾"主要分析了传统煤炭发电对于资源和环境的危害，以及垃圾处理中的焚烧发电和沼气发电的优缺点。在此基础上引入了清洁能源，如水能、风能和太阳能的发展和应用。这个主题较为全面地解读了何为"经济适用的清洁能源"。

（二）内容简介

故事以一座城市的能源转型为线索，从分析传统的蜂窝煤存在的问题——资源的不可再生、对环境的污染，如温室效应、空气污染等，自然而然地引入了可再生资源利用——垃圾焚烧和沼气发电，但是如果处理不当，同样会对环境造成较大的危害。最后重点讲到了目前社会比较看好的水力发电、风力发电和太阳能发电。其中特别介绍了中国的三峡大坝水利工程和德国的清洁能源开发使用状况。互动环节引导学生深入了解和思考自己城市的能源结构。有利于激发学生的环境责任感。最后又进一步引导学生从日常生活做起，反思自己的行为方式。

（三）核心问题

阅读材料在讲述了清洁能源的知识后，提出如下的问题：你在生活中见过可再生能源的应用场景吗？利用不同可再生能源需要哪些不同的地理或气候条件？这些能源的成本高吗？这一系列的思考题引导学生从地域等实际情况出发，深入思考究竟什么是"经济适用的清洁能源"。有利于培养学生的批判性思维和系统思维——环境保护是一项系统工程，它和当地的经济、社会和生态状况密切相关。一种能源从理论上讲也许符合"经济和清洁"，但在实践过程中它会受到各种因素的制约。

四、典型案例设计

（一）主题选择——寻找绿色能源

本案例结合同学们日常科技小制作进行设计。使同学们在项目实践活动中学习和理解可再生能源和不可再生能源的优缺点，进一步理解加强经济、清洁能源使用的紧迫性，在平时的生活中能够有意识地选择经济适用和清洁能源的产品。同时通过边学边尝试动手操作，激发同学们的创新思维，提高动手实践能力。

（二）设计思路

活动内容	关键能力与学习目标	评价指标
提出问题（课堂活动45分钟）： （1）情景创设。 （2）驱动性问题提出：世界在行动，学生应该如何为我们国家实现经济、清洁能源的目标做出贡献？ （3）成立清洁能源研究小组。	前瞻性的思考和行动：学习者能够了解全球对负担得起的、可靠的、可持续和清洁能源的需求，并愿意为之行动。	（1）能积极倡导和践行"绿色能源"，写一封关于"绿色能源"的倡议书（原因、利弊分析）。 （2）在日常生活中，能注意鉴别电器产品的能源和效率，告知家长选择低能耗、清洁能源产品，并能自觉节约能源，如随手关灯。
分小组研究与制作活动（课外实践活动90分钟）： （1）资料检索：传统能源利用与太阳能、风能和水能利用的比较；太阳能、风能和水能的优点和缺点，如何利用这些再生能源？ （2）动手制作：根据小组需求自行查找资料，自主决定制作成品——图纸设计、材料购买、分工合作完成作品。	跨学科工作能力： （1）活动设计突出了工程设计思维。如分小组制作利用太阳能、风能和水能的科技作品。 （2）熟悉和理解不同的能源资源（可再生和不可再生能源）及其优缺点，包括对环境、健康和经济问题的影响。	（1）小组设计图纸。 （2）小组制作完成科技作品。

续表

活动内容	关键能力与学习目标	评价指标
成果分享（课堂活动45分钟）： （1）小组分享研究成果：PPT展示一种清洁能源的研究报告；小组科技作品展示。 （2）反思与提升：教师引导——究竟哪一种清洁能源更经济？学生反思——列举生活中浪费能源的现象，从我做起倡议和开展节约能源的行动。 （3）项目拓展：想象我们自己家园未来的绿色能源……	**计划与行动：** 能够针对目标设计方案，了解落实项目的方法，并有目标地落实；能够在材料利用方面考虑到可持续方面的评估。	完成材料选择和成本核算单。
	反思与改进行为方式： 能够经常反思自身的行为方式，如能够在日常的学习和生活中，结合相关知识鉴别电器产品的能源的效率；能够有意识地选择经济、清洁能源的产品。	完成有关节约能源方面的反思任务单。

（三）活动准备

教师准备：

（1）制作视频的多媒体设备。

（2）有关清洁能源、气候、环保等方面的相关书籍和网站链接。

（3）学生活动的相关任务单。

学生准备：

（1）根据任务需要查阅相关的资料。自愿建立不同能源科技制作活动小组：太阳能、风能和水能小组。每组5～6人。

（2）根据不同的任务准备和购买相应的制作材料。太阳能风扇需准备：塑料片、马达、小木棍、导线、太阳能电池板等；太阳能小车需准备：塑料轮子、马达、太阳能电池板、导线、齿轮、长短粗细一样的小钢丝等。水轮车需准备：木棒、导线、齿轮、灯泡等。（要求尽可能利用家里的"废品"，以上材料仅为提示，设计时要考虑全面，要控制成本，每项制作最高不能超过50元）

（四）活动过程

1. 提出问题（课堂教学 45 分钟）

（1）情景创设：通过环境恶化实例及图片引入清洁能源。

目前中国燃煤发电占有较大比重，燃煤发电的优点主要是煤炭便于开采、运输、存储，缺点是煤炭是不可再生能源，燃烧产生的污染气体如二氧化硫和二氧化碳，加剧酸雨的形成和全球变暖，等等。为此，全球都在开发新能源，包括风能、太阳能、潮汐能等可再生能源。如德国巴伐利亚州小镇维尔德波尔茨里德，这个位于阿尔卑斯山脚下、拥有 2600 余名居民的小镇在 2020 年已经100% 实现了利用可再生能源。那里的人们经过 20 年的努力，很好地将光能、风能等和当地资源结合起来，提前实现了经济、清洁能源的目标，即人人获得负担得起的、可靠和可持续的现代能源。据介绍，这个小镇有 350 多个私人业主拥有光伏电站，还有 150 个太阳能热电站。整个小镇形成了经济、清洁的现代化能源体系。每年有超过 100 个国际团体前往那里参观学习，那里还成了非洲新能源培训基地，为在 2030 年实现全球经济、清洁能源目标而努力。

（2）驱动性问题：世界在行动，学生应该如何为我们国家实现经济、清洁能源的目标做出贡献？

首先，全班头脑风暴，同学们可讨论各种可再生的能源，如太阳能、风能、水能、地热能和潮汐能等。然后在教师引导下，深入研究较为熟悉的三种可再生能源：太阳能、风能和水能。

（3）成立三大清洁能源研究小组。学生自愿组队，每组5～6人分工合作。

2. 分小组研究与制作活动（课外实践活动90分钟）

（1）资料检索：传统能源利用与太阳能、风能和水能利用的比较；太阳能、风能和水能的优点和缺点，如何利用这些再生能源。

（2）动手制作：上网根据小组需求自行查找资料，自主决定制作的物品。然后设计图纸、购买材料、分工合作完成作品。每个小组只要求研究和制作完成一种能源作品。

参考作品：太阳能风扇或者小车（如下图所示）。

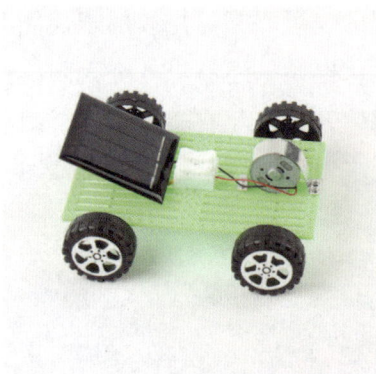

风力发电模型、水力发电模型（如下图所示）。

3. 成果分享（课堂活动 45 分钟）

（1）各组分享研究成果：用 PPT 展示一种清洁能源的研究报告，包含它的优缺点和如何利用等；小组科技小制作，重点关注图纸设计与作品的相关性，作品的性能和成本控制问题。

（2）教师引导：究竟哪一种清洁能源更经济。这是一个复杂而系统的问题，它是和当地的地理环境、基础设施等地方资源紧密联系的，开发利用清洁能源必须因地制宜。

学生反思：列举生活中节约能源的现象，如结合相关知识鉴别电器产品的能源效率，选择低耗能产品；从我做起倡议和开展节约能源的行动，如给学校或者所在社区写一封关于"绿色能源"的倡议书。

（3）项目拓展：想象未来的绿色能源……

五、可选择的其他主题

中小学生在教师的指导下还可以进行的活动有：文献、资料检索不同类型的能源，尤其是可再生能源，如太阳能、风能、水能、地热能和潮汐能在不同国家的生产、供应、需求和使用情况；实地考察太阳能发电站或水坝等大型能源项目，思考政治、经济和社会因素和能源设施的关系；环境问题和能源的生产、供应和使用问题（气候变化、过度依赖石油等不可再生能源）；开展关于未来能源的生产、供应和使用情况的情景分析，在自己的学校、社区和家庭开展节能活动等。

第八节

可持续发展目标 8
体面工作和经济增长

一、理解可持续发展目标

（一）目标解读

促进持久、包容和可持续经济增长，促进充分的生产性就业和人人获得体面工作。体面工作是指人人都有机会找到生产性工作，并且获得公平的收入、安全的工作场所、完善的社会保障、更好的个人发展前景和与社会的融合等。此外，很重要的一点是男性和女性在工作中有平等的机会。具体目标如下：

（1）通过多样化经营、技术升级和创新，包括重点发展高附加值和劳动密集型行业，实现更高水平的经济生产力。推行以发展为导向的政策，支持生产性活动、体面就业、创业精神、创造力和创新；鼓励微型和中小型企业通过获取金融服务等方式实现正规化并成长壮大。

（2）逐步改善全球消费和生产的资源使用效率，按照《可持续消费和生产模式方案十年框架》，努力使经济增长和环境退化脱钩，发达国家应在上述工作中做出表率。

（3）所有男女，包括青年和残疾人实现充分生产性就业，有体面工作，并做到同工同酬。保护劳工权利，推动为所有工人，包括移民工人，特别是女性移民和没有稳定工作的人创造安全和有保障的工作环境。

（4）制定和执行推广可持续旅游的政策，以创造就业机会，促进地方文化和产品。

（二）重要意义

全世界有 7 亿多人生活在日均基本生活费不足 1.9 美元的贫困线以下。除了创造就业机会，还需要改善人们的生活状况。生产性就业是实现公平的全球化和减少贫穷的关键要素。

二、教学目标

（一）认知领域

（1）学习者理解以下概念：体面工作，持续、包容和可持续的经济增长，性别平等。

（2）学习者了解容易受到失业影响的社会群体。

（3）学习者了解创新、创业和新技术能促进体面工作和可持续发展的经济，避免经济增长带来自然灾害和环境退化。

（二）社会情感领域

（1）学习者能够关注到身边各行各业的人，快递员、清洁工、电器安装和维修人员等，以及他们的工资、劳动权利等问题。

（2）学习者对外来劳工和生活困难的弱势群体能报以同情。

（3）学习者能够认识到自己的消费如何在全球经济中影响别人的工作条件。

（4）学习者能够识别自己的个人权利，明确自身需求及与工作相关的价值观，并根据对自身能力和背景的分析，设想自己的经济生活和计划。

（二）行为领域

（1）学习者能够推动不公平工资、同工不同酬和恶劣工作条件的改善，如和家人一起善待快递员、清洁工等。

（2）学习者能做出负责任的消费选择，以此支持公平的工作环境，为避免生产导致的自然灾害和环境退化献出自己的一份力，如购买简易包装或者无塑料包装的产品等。

三、阅读材料概要

（一）主题选择

"街道超人"通过讲述环卫工人在疫情期间的工作状态，引发人们的思考：一个社会的正常运转需要各行各业的运转。职业没有高低贵贱之分，各种职业都要得到公平的报酬和社会的尊重。

（二）内容简介

故事选择了疫情期间环卫工人的真实的故事：城市虽然空了，但是环卫工人依旧坚守在岗位上，他们用勤劳的双手，默默为城市市民筑起一道抵御病毒的屏障，保卫着城市的安全卫生和亮丽整洁。拓展联系到社会求职呈现的两极化现状：很多人找不到工作，很多行业却用工短缺。进一步分析了影响人们职业的很多因素，包括国家政策、社会经济发展和社会舆论压力及自身爱好等，并指出每个人都有权选择和追求自己的理想职业，但同时要尊重其他职业。阅读材料还以环卫行业为例，介绍国家设立的环卫工人节，号召全社会理解环卫工人，介绍了我国努力推动社会职业平等的做法；材料还介绍了德国比较成功的"双元制"职业教育做法，它从源头推动了职业平等。阅读材料的最后给出了这样一个互动环节：在了解了街道超人的不易之后，请画出你心中的街道超人，然后把这幅画送给你家附近的街道超人吧。这个环节非常符合中小学生的认知特点，为他们的学习和反思提供很好的支撑。

（三）核心问题

职业分种类是因为社会分工的不同，没有高低贵贱之分。无论从事哪一种职业，要真正把它做好、做到极致都必须付出艰辛的努力。结合可持续发展目标 8 启发学生思考：究竟什么叫体面工作，"街道超人"是一项体面的工作吗？为什么？

四、典型案例设计

（一）主题选择——职业选择

"职业体验"这个案例设计是根据目前中小学在寒暑假开展得较为普遍的综合实践活动，联系可持续发展目标 8 进行改编和提升的。旨在引导学生开展职业观察、体验活动的同时，深刻认识到体面工作和职业的种类无关，而是指人人都有机会找到较为合适的工作；启发学生感悟无论哪一种职业，都需要有人去从事，因为它们是维护社会正常运转的基础。无论从事哪一种职业，要真正把它做好、做到极致都必须付出艰辛的努力，正可谓"行行出状元"。

（二）设计思路

活动内容	关键能力与学习目标	评价指标
职业调研： （1）头脑风暴：根据自身的生活经验，你能想到的职业有哪些？ （2）调研小组的建立：每组6～8人。根据小组人员的自身爱好、特长进行分工。 （3）小组制订调研计划。 （4）全班交流，达成共识。	**计划与行动：** 能够制订较为详细的计划，包括调研计划和体验计划。	（1）按要求积极参加职业体验活动。包括：调研、观察和体验。 （2）完成各项任务单。

续表

活动内容	关键能力与学习目标	评价指标
职业体验活动（假期校外活动2~3天）： （1）选择有兴趣体验的职业，请长辈帮助联系。 （2）职业体验。 **职业体验活动分享**（课堂活动45分钟）： （1）小组交流。 （2）小组代表发言。 （3）教师总结和学生反思。	**前瞻性的思考和行动：** 学习者能够真正理解体面工作的含义；并明确自身需求及与工作相关的价值观；根据对自身能力和背景的分析，设想自己的职业规划。	（1）小组合作完成职业体验PPT，能正确表达"体面工作"的含义。 （2）能较好地完成职业体验记录单中第5、6、7、8个问题。 （3）改进自己的学习方式，自觉养成良好的学习习惯。
	反思与改进行为方式： 学习者对外来劳工和生活困难的弱势群体能报以同情，并提供力所能及的帮助；能做出负责任的消费选择，努力避免生产导致的自然灾害和环境退化。	（1）生活中乐意帮助外来劳工和生活困难的弱势群体。 （2）能有意识地改进自己的消费行为，如购买简易包装或无塑料包装的产品。
	公正与团结： 学习者能够关注到身边的各行各业的人，快递员、清洁工、电器安装和维修人员等，以及他们的工资、劳动权利等问题。	能尊重并公正地对待生活中给我们提供服务的各种职业人员，如能够和家人一起善待快递员、清洁工等。真正将"职业没有贵贱之分"的理念落实到行动中。

（三）活动准备

教师准备：

（1）和家长沟通交流，得到他们的支持和配合。如活动前写一封致家长的信。

亲爱的家长：

在这个假期里，学校将引导五、六年级的同学开展"职业调查与体验"活动，本次活动的主要目的是让孩子们通过了解家长和其他成人的工作，深入社会观察和体验职业，对社会的各行各业有更为直观的印象，并思考自身的职业生涯规划。同时，学校希望通过本次活动，锻炼孩子的自主沟通能力、观察分析能力和合作能力。为了确保孩子们顺利、安全地完成本次活动，学校需要各位家长提供以下支持：在充分尊重孩子的兴趣和意愿的基础上，与孩子一起讨论和确定职业调查的对象和联系方式；提供调查工具和设备，如照相、录音和摄像设备等；在充分尊重孩子的兴趣和意愿的基础上，与孩子一起讨论和确定职业体验活动的类型。与孩子一起商量确定这些体验活动的具体安排，如时间、地点和内容，并在孩子有需要的时候提供适当的帮助；在体验活动结束后，倾听孩子的感想，并与孩子一起讨论他们在整个活动中的收获和体会。

（2）学生活动的相关任务单（供参考，可按需做适当的调整）。

职业调查单

学生姓名		班级		调查职业	
调查时间		调查地点		被调查者签名	
1. 工作日的作息时间是怎么安排的，一周休息几天？					
2. 您每天需要做哪些事？您觉得从事这份工作需要具备什么样的知识和能力？					
3. 这是您的理想职业吗？如果是，您是什么时候确定自己的理想职业的？如果不是，您的理想职业是什么？为什么没能实现？					
4. 您觉得从事这份工作最苦最累的事情是什么？最开心的事情又是什么？您觉得自己目前的工作有什么意义？					
5. 在确定自己的理想和职业方面，您能告诉我一些经验吗？					
6. 我的调查感想。					

户外观察记录单

学生姓名		班级		调查职业	
观察地点		被观察人的性别		被观察人的年龄	
工作状况描述（工作服、工具、安全设备等）					
观察思考	1. 你觉得他们的工作条件如何？尤其是工作安全能得到保障吗？				
	2. 你认为他们喜欢这项工作吗？说说你的理由。				
	3. 你将来愿意从事这份工作吗？说说你此时此刻的想法。				

职业体验记录单

学生姓名		班级		体验职业	
体验时间		体验地点		家长签名	
1. 谁为我的职业体验活动提供了帮助？提供了什么样的帮助？					
2. 我的工作什么时候开始，什么时候结束？持续了多久？					
3. 我的具体工作是做什么？					
4. 除了具体工作，我还观察到了什么？想到了什么？					
5. 这份职业的主要工作内容是什么？哪些是我现在就能做的？哪些是需要接受更多的学习和培训后才能做的？					
6. 这份工作有什么意义？20年前的这份职业的具体工作内容和现在的工作内容有变化吗？如有变化，那么有什么样的不同？这个职业将来会有怎样的发展？					
7. 体验前我对这个职业的看法是什么？活动后我的看法又是什么？前后看法有什么改变？					
8. 我未来会从事这个职业吗？为什么？					
9. 我的体验感想还有什么？					

学生准备：

（1）根据任务需要查阅相关的资料。自愿建立活动小组。

（2）取得家长的帮助，准备好调研的相关设备，如照相、录音和摄像设备等。

（四）活动过程

1. 职业调研

（1）头脑风暴：根据自身的生活经验，你能想到的职业有哪些。尽可能多地写下来，如教师、警察、医务人员、快递员、公交司机、清洁工人、厨师、汽车修理工、电脑技术工程师、银行工作人员、政府机关工作人员等。

（2）建立调研小组：在教师的引导下，学生自愿组织调研小组，每组6～8人。根据小组人员的自身爱好、特长进行分工。

（3）制订调研计划：确定调研的职业、调研的内容、活动时间、地点与参与人等。

（4）实施：每小组至少访问一位成年人，并在问卷上记录下来，访问对象不限，职业不限，如果你想访问更多的人可以复制或者自制调查问卷。

每个同学还要至少观察一个户外职业的作业人员，如快递员、空调维修员、环卫工人、建筑工人等。填写观察记录单。

2. 职业体验活动（假期校外活动 2～3 天）

小组职业体验：选择有兴趣体验的职业，请你的父母或其他成年人帮助联系，帮助承担一些力所能及的工作。小组同学可以分成 2～3 人的小小组分批活动或者进行不同的职业体验活动，活动时间以 2～3 天为优。在体验活动中要认真思考和完成体验任务单。并以小组为单位制作 PPT、相册等呈现调查和体验结果。

3. 职业体验活动分享（课堂活动 45 分钟）

（1）小组交流：请每一位同学分享自己的活动经历和感想，根据假期的调查和体验，谈一谈各种职业的意义和它们的发展前景，以及自己理想的工作。

（2）全班交流：小组代表发言。究竟什么是体面的工作，体面工作包括哪些要素，学习对将来的就业究竟有着怎样的意义，教师要围绕上述问题进行引导。

（3）教师总结和学生反思：教师要结合可持续发展目标 8 的理念和小学生的认知特点，深入浅出地说明，体面工作是指人人都有机会找到较为合适的工作。更进一步的理想工作应该是社会需求和较好的个人发展前景的结合。学生反思观察和体验到的职业，是否已经实现了"体面工作"，请做出解释。如快递员因为交通拥堵而没有按时送到货物，空调维修员在炎炎烈日下抢修空调……

学习对将来的就业究竟有着怎样的意义？教师可以给同学讲讲"北大毕业生长安卖肉"的故事，引发学生的思考。最后要让学生感悟，一切学习本质上都是自我学习。一个学生从小学、中学，到大学毕业以后，决定他优秀还是平庸，最关键的是他是不是具备了自我教育能力或者说终身学习能力，具体地说，就是要培养浓厚的学习兴趣、形成良好的学习习惯、找到正确的学习方法。只有这样才能应对社会变革带来的职业需求和职业发展的变化。

五、可选择的其他主题

对小学生而言，这是一个复杂而宏大的话题。教师可以引导学生关注的话题还有：劳动力市场的性别平等问题；不同国家、部门、社会群体、性别之间在收入和工作时间方面的差别；创业、创新、新技术和地方经济等促进可持续发展的问题；与当地企业合作开展学生实习、采访等了解社会各行各业的活动；规划多种职业道路；理解养成终身学习习惯和就业的关系，等等。

第九节

可持续发展目标 9
产业、创新和基础设施

一、理解可持续发展目标

（一）概念解读

基础设施（如交通、水利、能源和信息通信技术等设施）建设对于实现可持续发展来说至关重要。产业是商品或服务的生产部门，创新可以是一种新的想法、设备或方法，基础设施则是指一个国家、城市或地区运作所必需的设施。全世界约有 1/10 的人口无法获得现代电力，1/3 的人口无法获得安全饮用水，2/5 的人口缺乏基本的洗手设施，其中大部分人生活在撒哈拉地区以南非洲和南亚。基础设施投资对于实现可持续发展具有重要作用。而生产力和收入的增长、粮食安全与健康、教育的改善，需要在基础设施方面进行投资。科技进步是实现环境目标的重要基础，例如，提高资源与能源的使用效率。倘若没有科技创新，产业不可能往前迈进；没有了产业的进步，也就不会有社会的发展。在科技与产业的发展中，也必须兼顾环境。

（二）重要意义

可持续发展目标 9 产业、创新和基础设施旨在建设具备抵御灾害能力的基础设施，促进具有包容性的可持续工业化，推动创新。目前，全世界仍有约 7

亿人生活在极端贫穷中，他们还在为基本的生存需求而努力。经济增长、社会发展和气候行动很大程度上取决于基础设施投资、可持续的工业发展和技术进步的程度。包容、可持续的工业化，加上创新，能够释放经济活力，提高经济竞争力，从而创造就业岗位、提高人民收入。

二、教学目标

（一）认知领域

（1）面对未来的环境、经济和社会发展，学习者理解居民对基础设施、工业化等的基本需求。

（2）学习者能够了解和关注自己所在地区的基础设施是如何满足居民的生活需求的。

（二）社会情感领域

（1）学习者能够体会社区的基础设施、空间与环境等会影响每个人的生活。

（2）学习者能够在社区的可持续性、风险防御等方面进行反思。

（3）学习者能够基于自己所在社区，提出建设可持续、具有抵御灾害能力的基础设施的理由。

（三）行为领域

（1）学习者能够以不同的形式、从不同的角度分析社区的基础设施、空间与环境及其风险防御能力等。

（2）学习者能够从社区可持续发展的角度出发，规划社区的基础设施。

（3）学习者能够将科学与技术应用于未来社区的设计中。

三、阅读材料概要

（一）主题选择

在当前的教育中，强调培养学生运用科技工具、材料、资源进行系统性思考与问题解决，进而发展学生创新思考等高阶思维能力。"垃圾分类的魔法"选择运用科学技术来改变居民的生活这一视角，引发学生对应用人工智能平台来进行垃圾分类和回收的兴趣，解读了创新带来的好处。本学习材料比较适合中、高年级的小学生阅读。

（二）内容简介

"垃圾分类的魔法"讲述了城市垃圾的分类处理，阅读材料详细地阐述了人工智能技术在垃圾收集、垃圾运送过程中的应用，这为人类的生活带来了极大的便利，也使垃圾获得了更好更有效的处理。除了对垃圾进行"魔法"分类，阅读材料还描述了废纸变再生纸等过程，并以"塑料瓶的变身之旅"为例，呈现了塑料垃圾的回收利用过程。最后，阅读材料设置了一个小小的互动环节，让学生参照塑料垃圾的回收利用过程，完成"玻璃瓶的变身之旅"。

（三）核心问题

让学生对基础设施、空间环境、产业等有基本的理解，并能运用可持续发展的思维来比较、分析当前的基础设施在满足居民生活需求、可持续性及防御灾害等方面的问题，从而获得跨学科分析的能力，也强化其对可持续发展的认知。

四、典型案例设计

（一）主题选择——未来社区

这是一个完整的项目式学习活动。首先，学生通过前期的社区调研和讨论，建立起社区设计的基础知识。结合可持续发展的理念和居民对社区环境与功能的要求，学生分小组完成"未来社区"的平面设计图和设计方案，并用可回收的物品制作"未来社区"立体模型。最后小组分享与交流自己的作品。

（二）设计思路

活动内容	关键能力与学习目标	评价指标
社区实地调查： 走进城市中有代表性的社区深入观察，从建筑的设计、用材，到绿地的规划、公共基础设施的配备（如停车场、垃圾箱、休闲锻炼场地）等，从可持续性方面分析其设计与规划、结构与功能、与当地气候和地理位置的协调性，以及防御自然灾害的能力。	**前瞻性的思考和行动：** 学习者能够了解世界上有代表性的可持续建筑；了解与气候、地理相融合的可持续的社区规划；了解信息科技在社区生活中的应用等。	（1）在学习中能够列举世界上可持续建筑的例子。 （2）能够列举信息科技在社区生活中应用的例子。
设计理想的"未来社区"： （1）结合可持续发展的理念和居民对社区环境与功能的要求，讨论"未来社区"应该是什么样的。 （2）小组合作形成"未来社区"的设计方案。 （3）小组合作画出"未来社区"的平面图。 （4）小组分享与交流设计方案，并加以改进。	**理解与合作：** 学习者能够理解他人并接受不同的视角，能够表达自己的想法和建议；学习者能够与他人合作完成小组任务。	（1）小组完成"未来社区"的设计图。 （2）全班共同完成一份关于"未来社区"的倡议书。
	计划与行动： 能够针对目标设计方案，了解落实项目的方法并能够落实方案；能够在设计与材料使用方面考虑到可持续发展的理念。	（1）小组合作完成社区实地调研报告和社区居民调查表。 （2）根据"未来社区"设计方案，完成立体模型的制作。

续表

活动内容	关键能力与学习目标	评价指标
未来社区制作： 根据设计方案制作"未来社区"的立体模型。 **作品交流与分享：** 展示作品，分享与交流最终设计方案。	**反思与改进行为方式：** 能够反思自己的生活方式。	（1）能够发现自己居住的社区在可持续发展方面存在的问题。 （2）能够维护自己所在社区的绿地空间和公共基础设施。

（三）活动准备

教师准备：

（1）社区实地调查表。

（2）社区居民调查表。

（3）问题清单。

学生准备：

电脑等信息搜索工具，城市与社区设计相关书籍，"未来社区"模型制作所需的可回收物（如纸盒、卡纸、塑料瓶、吸管、毛线、小木棍等）。

（四）活动过程

1. 社区实地调查

（1）教师提出驱动性问题1：大家现在生活的社区中的各类设施能够满足我们生活的需求吗？

学生分组讨论：从社区的绿化环境、建筑设计、公共基础设施、娱乐休闲场所等方面，描述和探讨自己居住的社区。

（2）教师提出驱动性问题2：大家现在生活的社区是否具备防御自然灾害的能力？

学生分组讨论：讨论社区存在哪些方面的风险。

（3）教师与学生共同选定几个有代表性的社区（可以按照社区建造的时间来选择，也可以选择学校周围有代表性的社区），开展社区实地调研和居民调查。

社区实地调研报告

内容 ＼ 社区		社区1	社区2	社区3
社区人口数量				
绿化环境	绿地分布（主要的分布区域）			
	绿地面积			
	人均绿地面积			
	植被种类			
	是否有社区公园			
建筑设计	房屋建筑的高度（层数）			
	房屋建筑的密度与分布			
	房屋建筑的结构			
	房屋建筑的用材			
	人均住房面积			
公共基础设施	公共照明设施			
	公共安全设施			
	公用管道线路			
	社区道路			
	环卫设施			
	停车场所			

续表

内容 ＼ 社区		社区 1	社区 2	社区 3
休闲娱乐学习场所	健身设施分布			
	是否有操场			
	是否有泳池			
	是否有图书室			
	是否有社区医院、社区卫生室			
社区有哪些鲜明的特征				
你如何评价该社区的安全性（包括灾害防御能力，如火灾、洪水等）				
你如何评价该社区的包容性				
你如何评价该社区的开放性				
依据电子地图和实地调查，尝试画出社区的平面图（需另附页面）				

社区居民调查表

内容 ＼ 满意程度	非常满意	满意	不知道	不满意	非常不满意
居住社区的绿化环境					
居住社区的公共基础设施					
居住社区的休闲娱乐场所					
居住社区的学习场所					

续表

满意程度 内容	非常满意	满意	不知道	不满意	非常不满意
居住社区的医疗卫生设施					
居住社区的安全性					
社区中有哪些便利设施					
社区生活中有哪些不便					
对社区未来发展的看法					

（4）完成调查后，教师组织学生讨论以下问题：

① 所调查的小区在哪些方面能够满足居民的基本生活需求？

② 所调查的小区在哪些方面存在问题，不能满足居民的基本生活需求？

③ 基于小区的现状和面临的问题，请预测小区未来的发展趋势。

④ 你认为小区在哪些方面可以有更好的改进？请解释你的理由。

⑤ 这些小区反映出哪些共同的问题？

2. 设计理想的"未来社区"

（1）分组查找信息（包括影片、影像资料，报刊、书籍等），讨论以下问题：

① 预测所生活的城市未来的气候变化趋势。

② 预测所生活的城市未来的环境变化趋势。

③ 科学与技术对我们未来居住与生活有哪些影响？

④ 居民对未来社区居住的要求有哪些（可以结合新冠肺炎疫情对人类居住生活的影响）？

⑤ 世界上有哪些典型的可持续房屋建筑，它们具有哪些特征？

⑥ 如果让你来设计一个社区，你觉得这个社区应该包括哪些基本的功能模块（请结合所调查的信息和对未来的想象展开头脑风暴）？

（2）基于前期的调研与讨论，小组成员合作共同设计一个"未来社区"，并完成设计方案（包含面积、绿化环境、房屋建筑、公共基础设施、休闲娱乐设施、学习场所，以及社区的人口容纳率、社区的特征等）。

未来社区设计方案

（1）"未来社区"平面图

（2）"未来社区"的功能与要求

（3）"未来社区"的特征

（3）全班同学分享与交流自己的设计方案。

教师引导学生讨论以下问题：

① 你所设计的社区是否考虑了城市的气候变化？

② 你所设计的社区是如何考虑社区的生态发展的（如人口的发展、绿地植被的种类等）？

③ 你所设计的社区哪些方面考虑了社区的可持续性发展（如材料的使用、能源的消耗、绿地面积的规划等）？

④ 你所设计的社区哪些方面考虑了人工智能科技的使用？

⑤ 你所设计的社区考虑了哪些自然灾害的风险防御，是如何实现的？

⑥ 你所设计的社区最大的特征是什么，这样的特征给居民带来什么好处？

（4）全班完成讨论以后，每组改进自己的设计方案。

3. 未来社区制作

（1）根据小组的设计方案，学生讨论哪些可回收的物品可以用于"未来社区"的模型制作。

（2）请学生回家收集可回收的物品（如纸盒、卡纸、塑料瓶、吸管、毛线、小木棍等）。

（3）小组成员共同合作制作"未来社区"的立体模型。

4. 作品交流与分享

（1）每组同学展示自己的作品，并与全班同学分享自己小组的"未来社区"最终设计方案。

（2）教师和其他同学对设计方案提出建议并讨论。

（3）小组互评，评出"未来社区"的"最佳创意奖""智慧社区奖""绿色社区奖"等，教师对这些团队进行奖励。

（4）全班同学共同形成一份关于"未来社区"的倡议书，从绿地空间、房屋建筑、公共基础设施、休闲娱乐设施、学习场所，以及社区的风险防御能力等方面出发，号召社区居民共同建设和保护我们的社区，让社区成为可持续的、包容的、开放的美好家园。

五、可选择的其他主题

关于这一目标，还可以选择以下这些主题来探索：城市和农村在道路、信息技术、卫生、电力等方面的基础设施的现状及未来发展需求；建立可持续的绿化空间等。

第 十 节

可持续发展目标 10
减少不平等

一、理解可持续发展目标

（一）概念解读

虽然在国际社会的帮助下，一些相对贫穷的国家在脱贫方面已经取得了长足的进展。然而，不平等现象仍然存在，在这些国家中不平等问题集中在卫生、教育及生产资料分配等方面。社会平等是一种状态，在这种状态下，社会关系主体在公民人身权、财产权、话语权、获得社会商品服务等方面具有相同的地位。

（二）重要意义

可持续发展目标 10 减少不平等旨在减少国家内部与国家之间的不平等。这些不平等威胁着社会经济的发展，妨碍减少贫穷，并且损害人们的成就感和自我价值感。这也会导致犯罪、疾病和环境恶化。最重要的是，如果人们被排除在公平的机会和服务之外，我们是无法实现可持续发展的，也不能让这个星球变得更好。

127

二、教学目标

（一）认知领域

（1）学习者能够识别和分析导致不平等的各种原因和理由。

（2）学习者能够感知周围及更广范围的不平等，并能认识到其不利后果。

（3）学习者了解当地、国内和全球促进平等的活动（如社会保障、企业活动等）。

（二）社会情感领域

（1）学习者能够反思人与人之间不平等的现象。

（2）学习者能够同情并声援被歧视的人或弱势群体。

（3）学习者能够保持对一个公正和平等世界的期望和愿景。

（三）行为领域

（1）学习者能够从性质（维度）和程度两方面评估当地环境中的不平等问题。

（2）学习者能够主动体验社会中弱势群体的障碍与困难。

（3）学习者能够支持他人反抗不平等的行动，或是在力所能及的范围内改变不平等现象。

三、阅读材料概要

（一）主题选择

联合国指出，国家内部和国家之间的不平等现象一直令人忧虑。虽然在某些方面已出现了不平等现象减少的迹象，如一些国家内部的收入不平等现象正在减少，低收入国家在贸易中享有优惠待遇，但是不平等现象仍然存在。席卷全球的新冠病毒肺炎疫情更是加剧了老人、残疾人、妇女、儿童等弱势群体从健康到经济、从安全到社会保障等方面的困境，我们需要做出更多的努力与更积极的行动，才能改变社会的不平等。本阅读材料通过发达国家与发展中国家的垃圾贸易问题让学生理解国家与国家之间的不平等，比较适合小学低年级学生阅读。

（二）内容简介

"巴塞尔号角"从垃圾的输出和输入呈现了国家之间的不平等问题。20 世纪 80 年代开始，发达国家出口垃圾，发展中国家廉价购买垃圾作为原料来生产商品。这是发展中国家在以牺牲环境为代价换取生产资源和经济增长。阅读材料指出这种行为和做法是将环境污染的风险和劳动力的健康危害进行转移，是违背环境正义的做法。由此，阅读材料列举了各国的一些举措，发达国家倡导和号召本国人民减少塑料等的使用以减少垃圾的产生，发展中国家则通过立法等措施"打击"洋垃圾，严惩垃圾走私和非法工厂。最后，阅读材料也指出，除了国家与国家之间的不平等，在国家内部也存在着经济、社会、文化等方面的不平等，如城乡发展的不均衡。

（三）核心问题

减少不平等这一主题，关键是要让学生认识到社会中的不平等现象长久存在，公众要学习接受、包容不同地域、年龄、性别及有不同身体特征的人，并能够在力所能及的范围内从身边小事做起，改变不平等现象。对于高年级的小学生，则还需探讨不平等背后所隐含的深层原因，能够从社会保障、地区和国家制度的层面提出促进社会平等的方案。

四、典型案例设计

（一）主题选择——无障碍垃圾分类

这是一个完整的项目式学习活动。项目从实际的问题"盲人如何分类投放垃圾"切入，通过前期的体验与调研，了解盲人的生活困难，以"设计思维"为主线，搭建整个学习框架，设计与制作真实的产品来解决实际问题。项目为学生提供了实地探访的机会，去近距离地接触和感受盲人的不便；在解决问题的过程中，为学生提供了小组讨论、合作行动的过程，从而实现问题的解决。

（二）设计思路

活动内容	关键能力与学习目标	评价指标
走进盲人学校： （1）学习垃圾分类的方法，体验盲人在垃圾分类时遇到的困难。 （2）走进盲人学校，参观学校并仔细观察，与盲人学生进行交流。 （3）完成"盲人学校观察单"。	**国际视野：** 学习者能够在复杂的社会结构下认识人与人之间的不平等，并表达对这些不平等现象的反对；能够评价不同的行为模式。	（1）学习者能够体验到残障人士的生活困难（如蒙上眼睛走路体验盲人出行的心理与实际障碍）。 （2）学习者能够接受、包容、关爱社会弱势群体（如在公交车上给老年人让座）。
"无障碍垃圾分类桶"的设计： 基于前期的调研、访谈、讨论与专题学习，各组分头设计无障碍垃圾分类桶，提出设计方案（垃圾桶使用什么材料，具有什么标志，如浮雕图形、盲文，应用何种智能技术实现功能，如红外线感知人脸、配备语音提示等）。	**理解与合作：** 学习者能够理解他人并接受不同的视角，能够表达自己的想法和建议；学习者能够与他人合作完成小组任务。	（1）学习者能够在教师的带领下参与小组调研活动，与小组成员共同完成"盲人学校观察单"。 （2）小组完成"无障碍垃圾分类桶"设计图。 （3）小组合作完成"无障碍垃圾分类桶"低成本样品的制作。

活动内容	关键能力与学习目标	评价指标
无障碍垃圾分类桶的制作： 根据设计方案制作低成本"无障碍垃圾分类桶"，并进行测试，改进设计方案。 **作品交流与分享：** 展示作品，分享与交流最终设计方案，为最终成品制作海报。	**激励自我与他人：** 学习者能够设身处地地考虑他人的身体状况与心理状况；能够鼓励和支持他人反抗不平等待遇。	（1）学习者能够认识自己的身心特点，珍惜自己的身体功能，爱惜自己的身体。 （2）学习者能够了解和尊重不同的人，如能够考虑到不同人的生活习惯，能够用平等包容的语言与人交流等。
	反思与改进行为方式： 学习者能够评价自己以及他人的生活方式。	（1）学习者能够帮助班级中的弱势群体，如关心有语言障碍的学生。 （2）学习者能够反对校园霸凌现象，如帮助受欺负的一方摆脱校园霸凌，为正义发声。

（三）活动准备

教师准备：

（1）联系好本市的盲人学校（或特殊学校）。

（2）盲人学校观察单。

（3）参观盲人学校的安全事项与特殊要求。

学生准备：

（1）为外出参观做好相应的准备（如交通路线）。

（2）准备无障碍垃圾分类桶制作的材料。

（四）活动过程

1. 走进盲人学校

（1）教师提出驱动性问题：收到盲人学校的委托信，请你们为盲人学校设计一款无障碍垃圾分类桶。

学生学习本地垃圾的分类要求。

然后参与体验活动，初步感受盲人垃圾分类可能遇到的困难。

教师带领学生，先以一个扔垃圾的游戏导入，让学生随机抽取不同类型的垃圾，再让学生戴上眼罩扔垃圾和分类垃圾，体验盲人在扔垃圾时会遇到哪些正常人体会不到的问题。

在完成体验后，教师请大家说出感受。

（2）教师联系盲人学校，将学生分组，带领学生参观盲人学校的校园，体验盲人的生活，填写盲人学校观察单。

盲人学校观察单

项目	发现的问题
盲人学校的道路	
盲人学校的走廊	
盲人学校的台阶	
盲人学校的楼梯	
盲人学校的引导设备	
盲人学校的洗手间	
盲人学校的教室	
盲人学校的课桌	
盲人学校的椅子	
盲人学校的书本	
盲人如何使用电子产品	

每组学生尝试与一位盲人学校学生交流，进一步了解盲人的生活（注意交流与访谈时，要考虑用语、语气等）。

2.无障碍垃圾分类桶的设计

（1）调研结束后，学生按组讨论观察与访谈的结果。

（2）分享盲人学校参观的经历与感受，并反思我们的日常生活。

（3）明确盲人学校垃圾分类设施需要解决的问题。

（4）专题学习：在体验与参观盲人学校的基础上，搜索并了解无障碍设施设计的相关文献。

（5）各组交流专题学习的结果，归纳无障碍设计应该遵循的原则、特点等，展示无障碍设计的例子。

（6）基于前期的调研、访谈、讨论与专题学习，各组分头设计无障碍垃圾分类桶，提出设计方案（垃圾桶使用什么材料，具有什么标志，如浮雕图形、盲文，应用何种智能技术实现功能，如红外线感知人脸、配备语音提示等）。

"无障碍垃圾分类桶"设计方案

（1）无障碍垃圾分类桶的设计图及使用的材料

（2）"无障碍垃圾分类桶"的功能与要求

（3）"无障碍垃圾分类桶"的特征

---

3. "无障碍垃圾分类桶"的制作

（1）根据小组的设计方案，制作成低成本"无障碍垃圾分类桶"样品。

（2）小组测试低成本"无障碍垃圾分类桶"样品的功能与效果，并进行"同伴反馈"活动。

（3）根据测试结果和反馈信息，进一步改进设计方案，改进样品功能。

4. 作品交流与分享

（1）每组同学展示自己的作品，并与全班同学分享自己小组"无障碍垃圾分类桶"的最终设计方案。

（2）教师和其他同学对样品和设计方案提问或提出建议，并讨论。

（3）根据全班交流与分享，再次改进样品的设计，形成最佳设计样品和设计方案。

（4）为自己设计的"无障碍垃圾分类桶"制作海报，包括构思、材料、设计过程、样品的功能和效果等。

（5）准备成品发布会，邀请全班参与测试最终成品，评选出最佳设计。

五、可选择的其他主题

关于减少不平等这一目标，还可以选择以下这些主题来探索：通过信息检索、调研并比较典型国家对残障人士在出行交通、生活保障、教育等方面的保护措施；体验社会弱势群体的境遇，体验他们在生活中会遇到的困难，采访老年人和残障人士；阅读历史文献，探索社会中不平等的历史发展及其对现代观念与社会制度的影响等。

可持续发展目标 11
可持续城市和社区

一、理解可持续发展目标

（一）目标解读

本目标是要建设包容、安全、有抵御灾害能力的可持续的城市和人类居住区。具体来讲，联合国计划到 2030 年要实现：

（1）确保人人获得适当、安全和负担得起的住房和基本服务，并改造贫民窟。

（2）向所有人提供安全、负担得起的、易于利用、可持续的交通运输系统，改善道路安全，特别是扩大公共交通，要特别关注处境脆弱者、妇女、儿童、残疾人和老年人的需要。

（3）在所有国家加强包容和可持续的城市建设，加强参与性、综合性、可持续的人类住区规划和管理能力。

（4）进一步努力保护和捍卫世界文化和自然遗产。

（5）大幅减少包括水灾在内的各种灾害造成的死亡人数和受灾人数，大幅减少上述灾害造成的与全球国内生产总值有关的直接经济损失，重点保护穷人和处境脆弱群体，减少城市的人均负面环境影响，包括特别关注空气质量，以及城市废物管理等。

（6）向所有人，特别是妇女、儿童、老年人和残疾人，普遍提供安全、包容、无障碍、绿色的公共空间。

135

（二）重要意义

预计到 2030 年，将有 50 亿人生活在城市，约占世界人口的 60%。目前，世界经历着前所未有的城市人口增长，人类面对巨大挑战——贫民区居住者人数增加、空气污染加剧、基础服务和设施不足造成城市无序扩张等。

二、教学目标

（一）认知目标

（1）学习者能够了解和关注自己所在城市、城市周边和农村的各项设施是如何满足人们生存需求的。

（2）学习者能够评价、比较自己和他人居住系统的可持续性，特别是在能源、交通、安全、废弃物处理、绿色空间与减少灾害风险等领域。

（3）学习者了解本地居住模式的历史缘由，同时懂得尊重文化历史遗产。

（二）社会情感领域

（1）学习者能够体会到个人生活方式会对环境和社会产生的影响和责任。

（2）学习者能够将自身的需求置于当地和全球大生态系统的需求中，为建设可持续的人类居住区做力所能及的改变。

（3）学习者能够建立自己的身份认同，对所在区域的现状进行反思，进一步了解自己的家乡，增进对家乡的感情，愿意为家乡的可持续发展做出贡献。

（三）行为领域

（1）学习者能够参与和影响所在社区的有关决策进程，包括校园的建设决策。

（2）学习者能够在当地倡导低碳做法。

三、阅读材料概要

（一）主题选择

"垃圾金字塔"讲述的是城市垃圾处理问题。它属于城市和社区的管理问题，是实现可持续城市和社区的基础，也是与中小学生日常生活密切相关的问题，这样的主题能引起学生的共鸣。本学习材料比较适合中、高年级的小学生阅读。

（二）内容简介

材料首先指出了一个严峻的现实：快速城市化正在导致越来越多的问题，重点选择了小学生熟悉的垃圾分类问题。通过激发学生反思日常生活中的垃圾分类问题，将"可持续城市和社区"这一看似高大上的目标变得触手可及。材料从日常生活中人们常见的认识误区——自然资源是取之不尽用之不竭的入手，联系日常生产和生活产生的垃圾对环境造成的巨大压力，从而使得读者体会到从垃圾中回收能源的意义和进行垃圾层级管理的紧迫性。这样编排能激发学生的学习兴趣、吸引学生的注意力，进一步去了解垃圾层级管理的原则——减量、复用和再生。最后，提出了循环经济的概念和意义。材料最后编排了一个记录表，让学生学有所用地按照减量、复用和再生的原则填写一周的垃圾回收情况，分析比较是否有效地减少了垃圾的产生并节约了能源。

（三）核心问题

"垃圾金字塔"关键要突破学生可能存在的一种"低认知"，即回收废物仅可以卖钱。要帮助学生真正理解材料的两个关键点：为什么说自然资源不是取之不尽用之不竭的；并真正理解循环经济的内涵和意义。

四、典型案例设计

（一）主题选择——绿色出行

城市汽车尾气排放、交通拥堵等问题是可持续城市和社区建设亟待解决的问题。

（二）设计思路

活动内容	关键能力与学习目标	评价指标
课内活动（40分钟）：出行方式反思与讨论，如公交出行经验交流、其他绿色出行方式经验交流，制订家庭绿色出行计划。	前瞻性的思考和行动：学生了解和体会个人生活方式对社会和环境产生的影响和责任。	学生能够认识到绿色出行的重要性，上学能坚持选择公交或其他低碳出行方式。
课外活动：理解、学习绿色出行及低碳生活方式。 校外活动：倡导和践行绿色出行与低碳生活方式。	反思与改进行为方式：学生认同和倡导绿色出行等低碳的生活方式。	学生能够积极倡导家人、朋友及社区居民加入绿色出行。记录一次和家人的绿色出行活动的全过程和心得体会；撰写一份给社区的有关低碳生活的倡议书。
	跨学科工作能力：学生能应用已有的知识和经验理解绿色出行等低碳的行为方式与建设可持续城市和社区的关系，如出行方式对气候的影响。	学生能够理解绿色出行的意义，并能用所学的知识进行解释。
	激励自我和他人：学生能有绿色出行的积极性，能长期坚持，并带动周围的人一起选择低碳生活方式。	学生能够坚持填写班级出行记录表。向获奖同学学习并积极争取自己获得绿色出行奖。

（三）教学准备

教师准备：区域地图、公交路线信息、一周出行统计表。

一周出行统计表

方式\日期	步行	自行车	公交车	拼车	私家车	其他
周一						
周二						
周三						
周四						
周五						

学生准备：课前调查。

（1）我家附近是否有公共自行车站点？

（2）我家附近有哪几路公交车？

（3）父母的工作单位地址。

（4）学校和父母工作单位附近有哪几路公交车？

（四）活动过程

1. 课内活动（40分钟）

（1）小组出行方式讨论：认识绿色出行；反思自己的出行方式；如何避免坐错公交等经验的交流与总结。

（2）独立思考：制订周末全家绿色出行方案。

例如，根据家附近的公交线路及目的地，确定周末出行的公交路线，或提出其他绿色出行方式。还要想到可能遇到的问题。

2. 课外、校外活动

活动1：低碳生活从绿色出行做起

（1）搜集信息：上网查询、收看新闻、阅读报刊，深入了解绿色出行的意义。更进一步了解低碳生活的意义。

（2）倡导低碳生活从绿色出行做起：周日按计划发动全家进行一次绿色出行，记录过程和体会。

（3）设立班级绿色出行奖。学生每天将自己的出行方式登记在统计表中，每月统计一次。优秀者给予适当的奖励。

活动2：做低碳生活的践行者

（1）与家人讨论日常生活中的低碳生活方式，如从节约一滴水、一张纸、一度电开始。

（2）制作低碳生活宣传海报，利用学校网站等宣传窗口，向全体师生发出倡议，不仅要做节能减碳的实践者，更要做低碳生活的宣传者。

（3）撰写倡议书，向社区发出倡议。

五、可选择的其他主题

根据学习目标的定位和学生的认知特点，可持续发展目标 11 的实践活动内容除了选择上述绿色出行主题，还可以选择健康、绿色的社区规划等主题，如让学生设计相关的方案和模型，包括建筑的设计、废弃物的管理等。可以引导学生关注：可持续的社区能源，如住宅能源的使用、社区能源计划等；可持续的抗灾建筑和空间规划；废弃物的产生和管理，包括预防、减少、回收和再利用；城市水循环，如绿色屋顶、雨水收集、保护古河道；人文活动的内容可以关注残疾人和老年人的相关需求，以及保护家乡的历史文物和古迹等。

可持续发展目标 12
负责任消费和生产

一、理解可持续发展目标

（一）概念解读

要实现可持续的消费和生产模式，就要促进资源和能源的高效利用，促进可持续的生活方式。

负责任的消费和生产要求当代人满足自己的消费需求时考虑到生态环境的承载力，用更少的资源做更多、更好的事，努力消除经济增长与环境退化之间的关联。

（二）重要意义

可持续发展目标 12 负责任消费和生产旨在推行可持续的消费和生产模式，从而减少全球的资源消耗。在今后 20 年里，预计全球将有更多的人步入中产阶级行列。这对于个人繁荣来说是件好事，但这将加大对本已吃紧的自然资源的需求。如果到 2050 年全球人口达到 96 亿，要维持现有的生活习惯，需要相当于三个地球资源的总合。如果我们不采取行动改变我们的消费和生产模式，后果不堪设想。

二、教学目标

（一）认知领域

（1）学习者能够认识到生产和消费都会产生碳排放。

（2）学习者能够认识到个人的消费选择会影响社会、经济和环境的发展。

（3）学习者能够理解生产与消费、供给与需求之间的相互关联。

（二）社会情感领域

（1）学习者能够了解自主的消费态度。

（2）学习者能够认识到每个个体都对生活的环境和社会负有责任。

（3）学习者能够反思自己的消费行为。

（三）行为领域

（1）学习者能够质疑消费和生产中的不可持续性（例如，能够质疑商品的过度包装等问题）。

（2）学习者能够选择可持续的消费和生产的行动。

（3）学习者能够鼓励与支持他人采用可持续的消费和生产的行动。

三、阅读材料概要

（一）主题选择

"饼干的'新衣'"以独特的视角（饼干的包装）为切入点，引导学生讨论消费与生产的问题。负责任消费与生产作为联合国可持续发展的第12个目标，与我们每一位公民的生活息息相关，学生对这一主题，特别是消费的主题是比较熟悉的，每个人都有过购物的经历。学生容易理解自己不同的消费选择可以为自己带来不一样的体验与感受，但是很少注意到自己的消费行为会对自己生活的环境、社会带来影响。以饼干的包装作为主题引入来说，能够联系学生已有的消费体验，有效激发学生的学习兴趣。本学习材料比较适合低、中年级的小学生阅读。

（二）内容简介

从饼干的包装这一话题引入，让学生认识了不同类型的包装材料、不同的包装设计及其功能，从而切入"过度包装"的议题；从观察包装的功能性、美观度、成本和产生的垃圾四个维度（贯穿生产、消费及垃圾处理各个环节），初步认识"过度包装"会产生更多的碳排放。材料还介绍了德国对生产商、销售商的规定，介绍了德国民众对简易包装的追求。这一过程以学生非常熟悉的议题切入，让他们认识到自己的消费行为是如何对环境、社会带来影响的。

（三）核心问题

对于低中年级的小学生，我们需要教导他们分辨自身想要的与真正需要的，反思自己在消费中是否存在过度的消费，或是被广告吸引而产生的消费。对于高年级的小学生，我们还需要教导学生理解生产背后的商业模式，帮助学生了解生产各类商品所需的资源等，并帮助他们形成可持续的消费习惯。

四、典型案例设计

（一）主题选择——超市商品大调查

超市是商品的聚集地，是我们最重要的消费场所。调查人们在超市中对商品的选择，可以帮助学生理解消费选择背后的行为与价值观念。

143

（二）设计思路

活动内容	关键能力与学习目标	评价指标
超市商品大调查： （1）通过对商品及其包装的讨论，初步理解商品、消费者和生产者、价值和成本等概念，了解影响消费者行为的多个内部和外部因素。 （2）设计超市调查表，并完成分组。 （3）完成调查后，小组形成调研报告并在班级分享。 课外活动： 家庭碳足迹计算。 校外活动： 商品包装的去向；农场考察。	前瞻性的思考和行动：认识到消费者的选择具有环境的影响，消费者需要为自己和地球做出最佳决策。	（1）能够注意自己的消费行为，如去买牛奶的时候，选择当地生产的牛奶。 （2）能够计算自己和家庭的碳足迹，如能够计算自己一天的肉类消费会有多少碳排放量。
	公正与团结：学生能够有意识地考虑自己的消费行为对他人生活的影响，以及对后代人可能产生的影响。	（1）能够有意识地减少塑料包装的使用，如去超市购物时自带环保袋，不使用塑料袋。 （2）能够有意识地减少肉类食物的消费以减少碳排放量，如限制自己一周的肉类消耗量。
	激励自我和他人：学生能倡导可持续的消费行为，能长期坚持，并带动周围的人一起选择可持续消费。	（1）能够带动家人一起选择简易包装的食品。 （2）能够带动家人更多地购买当季的水果。
	反思与改进行为方式：学生认同和追求可持续的消费行为。	（1）能够记录自己的消费日记，常规性地反思自己的购物行为，如是否购买了多余的不必要的衣服。 （2）购物之前先列好单子，列出所需购买的商品和数量，以防购买过量或不必要的商品。

（三）教学准备

教师准备：项目式学习的设计与组织。

学生准备：课外调查。

（四）活动过程

1. 超市商品大调查

（1）头脑风暴，独立思考：写出你最想去调查的商品。

① 联系已有经验：认识商品；认识自己的消费行为。

② 根据不同的主题（可以是某一种类型的商品，如乳品饮料组、饼干糖果组、蔬菜水果组等），完成调研的分组。

③ 分组设计调查研究的表格（包括商品名称、商品材料、商品包装材料和设计、价格等）。

（2）超市商品大调查（课外活动）。

选择不同的超市，收集所调查商品的信息。

（3）形成调查报告并分享。

① 班级初步分享调查信息。

② 讨论商品的包装材料和设计，讨论是否有过度包装情况等。

③ 讨论商品的价格，比较商业因素和产品的真实状态。

④ 小组形成调研报告。

乳品饮料组：关注包装的产地和包装的材料、容量与价格的关系。

糖果饼干：关注外包装、原料的产地等问题。

蔬菜水果：关注运输、浪费等问题。

⑤ 全班分享。

2. 课外活动（时间不限）——家庭碳足迹计算

碳足迹（Carbon Footprint）是指人类活动产生的温室气体总量。碳足迹可分个人、产品、企业、国家4个层次。

碳排放指温室气体的排放。温室气体中最主要的气体是二氧化碳。

人类的活动，包括衣、食、住、行，都有可能造成碳排放，如吃饭、使用电和煤气、乘车上学等。

（1）学生罗列自己家一天中产生碳排放的日常生活行为。

（2）熟悉简单的"碳足迹换算"方式，并练一练。

（3）学会使用碳足迹计算器（可自行上网检索相关程序）。

（4）发放"我家一天的碳足迹调查表"并展开课外活动。

我家一天的碳足迹调查表

日常生活行为		消耗量	碳排放量
衣	使用洗衣粉		
	其他		
食	肉类消费		
	粮食消费		
	其他		
住	用电		
	使用燃气		
	燃煤		
	其他		
行	乘公共汽车		
	乘地铁		
	乘小轿车		
	其他		
用	使用塑料袋		
	使用纸制品		
	使用一次性筷子		
	其他		
碳足迹			

注：通过相关程序计算碳排放量及碳足迹。

3. 校外活动

（1）调研商品包装的去向。

① 联系超市商品大调查活动，认识包装中的可回收物和其他垃圾。

② 认识包装材料是如何制造的，生产的成本包括哪些。

③ 了解和讨论包装材料的最终去向，是否有被清理和回收。

④ 讨论清理和回收的成本。

⑤ 进一步了解商品的成本与所使用的资源（包括包装材料的生产、清理和回收，对环境和社会的影响等）。

（2）农场考察：食物是如何来到我手中的。

① 了解食物的生产过程，需要消耗哪些资源和能源，需要多长时间。

② 计算食物的生产成本。

③ 了解食物的储存、运输和加工过程。

④ 联系超市商品大调查活动，认识商品的生命周期（原材料的投入、加工，食物的产出、运输等。）

⑤ 更进一步了解食物的成本与所使用的资源（包括人类、资源、环境成本），反思自己的消费行为。

五、可选择的其他主题

根据学习目标的定位和学生的认知特点，活动内容除了超市商品的调查、碳足迹的计算、商品包装的去向、农场的考察，还可以引导学生关注广告与商品消费的关系，能源的生产和消费，执行可持续生活方式的行动计划等主题。

可持续发展目标 13
气候行动

一、理解可持续发展目标

（一）目标解读

采取紧急行动应对气候变化及其影响。具体目标如下：

（1）加强各国抵御和适应气候相关的灾害和自然灾害的能力。

（2）将应对气候变化的举措纳入国家政策、战略和规划。

（3）加强气候变化减缓、适应、减少影响和早期预警等方面的教育和宣传，加强人员和机构在此方面的能力。

（4）促进在最不发达国家和小岛屿发展中国家建立增强能力的机制，帮助其进行与气候变化有关的有效规划和管理，包括重点关注妇女、青年、地方社区和边缘化社区。

（二）重要意义

2019 年，大气中的二氧化碳和其他温室气体含量达到新高。受新冠大流行的影响，2020 年的温室气体排放量有所减少，但这种改善只是暂时的。全球变暖导致的海平面上升等问题影响了所有人的生活。

二、教学目标

（一）认知领域

（1）了解因温室气体排放增多导致的气候变化。

（2）了解全球、国家、地方和个人层面的哪些人类活动是导致气候变化的主要原因。

（3）了解气候变化对当地、国家和全球造成的重大生态、社会和经济后果。

（二）社会情感领域

（1）学习者能够认识到保护全球气候是每个人的使命。

（2）学习者能够据理反对破坏环境、生态系统的做法。

（3）学习者能认识到我们需要据此反思我们的价值观和日常行为。

（三）行为领域

（1）学习者能够学以致用，积极开展各项活动，宣传低碳的生活方式，身体力行地保护生态环境，如减少私家车的出行、使用清洁能源等。

（2）能够经常反思自身的行为方式是否对环境有害，并纠正错误的行为。

（3）能够积极倡导和支持对环境友好的经济活动。

三、阅读材料概要

（一）主题选择

"绿色的脚印"在分析气候变化的原因之后，提出了针对当前气候变化人们可以采取的行动。

149

（二）内容简介

故事从日常生活体验着手：夏天越来越热了，地球持续变暖，南北极的冰川也在不断融化。这样的引入能让学生感同身受。然后自然而然地切入目标主题"为什么全球气候会变暖"，通过简单易行的实验操作让学生理解"温室效应"的原理，再进一步分析温室效应的危害，以及全球的应对措施。就如本文的题目"绿色的脚印"所言，低碳措施是这篇阅读材料的重点。学生通过阅读材料不仅能知道哪些行为是应对气候变化自己力所能及的，如生活中自觉进行垃圾分类、绿色出行等，而且了解了一些全社会乃至全世界采取的应对气候变化的措施和行动。从而让学生真正能理解什么是"采取紧急行动应对气候变化及其影响"。

（三）核心问题

理解温室效应和低碳措施是本节的重点。在阅读材料的最后，紧扣重点设计了这样的互动：根据自己的日常行为填涂碳排放进度条，检验你的生活方式是否足够环保。这个环节很好，能让学生学以致用，反思和改进自己和家人的日常行为方式。

四、典型案例设计

（一）主题选择——从"素食日"谈起

通过情景创设提出问题：全球气候变暖、冰川融化，导致北极熊、企鹅将失去家园，从我们自身做起，积极投入到应对气候变化的行动中去。那么，作为学生我们能做些什么？这是一个与可持续发展目标 12 相结合的案例设计。

（二）设计思路

活动内容	关键能力与学习目标	评价指标
为学校策划组织一天"素食日"活动： 解释宣传环保型饮食并积极倡导环保型饮食。 **制作消费对气候影响的视频：** 阐述环境变化和消费的联系，理解消费对环境的影响和自己的责任。 **参加所在城市的相关活动：** 设计并制作一个相关主题的可移动展示作品。	**前瞻性的思考和行动：** 了解因温室气体排放增多引发的气候变化，学习者能够认识保护全球气候是每个人的使命，并愿意为之行动。	（1）积极参加素食日活动。 （2）平时能积极倡导和践行环保的行为，如积极参加植树造林活动等。
	跨学科工作能力： 能够整合环境、信息技术、工程技术等学科知识完成各项活动。	（1）小组设计完成"素食日"活动的策划书。 （2）小组合作制作完成一个宣传视频。 （3）小组完成一个富有创意的可移动的展示作品。
	计划与行动： 了解气候变化对当地、国家和全球造成的重大生态、社会、文化和经济后果。积极投入应对气候的行动。	（1）有完整、清晰的活动计划。 （2）有完善的活动成果。
	反思与改进行为方式： 能够经常反思自身的行为方式是否对环境有害，并纠正错误的行为。	践行低碳生活：如自觉进行垃圾分类、节约用电等。

（三）活动准备

教师准备：

（1）多媒体设备。

（2）有关气候、环保饮食的书籍等。

（3）学生活动的相关任务单。

学生准备：

（1）根据任务需要查阅相关的资料。

（2）自愿建立活动小组。

（四）活动过程

1. 学校"素食日"活动

（1）资料检索：饮食和气候变化的关系、减少二氧化碳排放的菜肴烹饪。独立查阅，小组交流汇总。

（2）调查分析：学校一周的午餐食谱，尝试运用数学统计的方法，从营养和环保两个方面加以分析（教师根据不同年级，结合数学和科学内容设计相应的统计分析表格）。

（3）组织倡议："素食日"活动。倡议活动除了可以以倡议书形式呈现，还可以以演讲活动、表演形式呈现。内容要紧紧围绕学生能够理解的饮食和低碳排放的关系。

2. 视频设计与制作

学生可以分小组自己确立主题。内容要围绕温室效应、气候变化和我们的应对措施展开。下面是一个与可持续发展目标 12 负责任生产和消费联系的，有关日常生活消费和温室效应的脚本。

（1）反思生活中学生们存在盲目的攀比心理。如一个学生买了一个新的手机，其他同学很羡慕，也想要新的手机；同样一个同学穿了一双时尚的新款运动鞋，其他同学也很想换掉自己的旧鞋。

（2）结合产品的加工生产思考：大家想过没有，产品的生产和加工过程会释放二氧化碳，我们丢弃的旧物品也会造成二氧化碳的排放，过多的二氧化碳排放是导致温室效应的重要原因。温室效应又导致全球气候变暖，自然灾害频发。

（3）可以插入相关的气候灾难报道。

（4）面对越来越多的极端天气和气候事件，我们能做些什么？从我们自身做起，尽可能减少垃圾的产生，做到物尽其用……

3. 制作一个气候相关主题的可移动展示作品

每年不同的地区都会举办有关气候的环保主题活动，学校可以有计划地组织学生参加这些社会活动，也可以将类似的活动放在学校的活动周进行。借助这样的任务，老师可以带领孩子们完成相关的项目设计，如制作一个可移动的展示作品。

（1）开题：小组讨论展示内容、呈现方式；根据内容和呈现方式，设计图纸。

（2）项目过程：材料选择和成本预算、经费筹集、产品制作、定期交流、反馈与改进。

（3）展示与评价：围绕设计图与成本开展。

4. 注意事项

（1）上述的三个活动是基于可持续发展目标 12 负责任生产和消费、可持续发展目标 13 气候行动而设计的。促进可持续发展本身就是一项系统工程，所以我们的学生活动设计不必完全局限于某一个目标。

（2）这三个活动案例仅仅呈现了框架结构。教师可以根据学校和学生的情况加以完善，做成适合当地学生的项目。

五、可选择的其他主题

还可以选择的主题有：温室气体排放导致的极端天气，可以通过新闻报道、纪录片、文字材料等进行分析；海平面上升对各国（如岛屿国家）的影响；气候变化有关的人类、动物迁徙；全球变暖对生物多样性等的影响。老师可以结合科学课的相关内容，帮助学生加以理解，并让学生通过角色扮演，从不同角色的立场感受气候变化的相关影响，反思自己的行为方式。

第十四节

可持续发展目标 14
水下生物

一、理解可持续发展目标

（一）目标解读

保护和可持续利用海洋、海洋资源以促进可持续发展。具体目标如下：

（1）可持续管理和保护海洋、沿海生态系统，以免产生重大负面影响，并采取行动帮助它们恢复原状，使海洋保持健康，物产丰富。如有效规范捕捞活动，终止过度捕捞、非法捕捞活动，以及破坏性捕捞的做法，执行科学的管理计划等。

（2）预防和大幅减少各类海洋污染，特别是陆上活动造成的污染，包括海洋废弃物污染和营养盐污染。通过在各层级加强科学合作等方式，减少和应对海洋酸化的影响。

（3）增加小岛屿发展中国家和最不发达国家通过可持续利用海洋资源获得的经济收益，包括可持续地管理渔业、水产养殖业和旅游业。承认给予发展中国家和最不发达国家合理、有效的特殊和差别待遇应是世界贸易组织渔业补贴谈判的一个不可或缺的组成部分。

（二）重要意义

海洋覆盖地球表面近 3/4 的面积，占地球全部水资源的 97%，若以体积衡量，海洋占据了生物在地球上所能发展空间的 99%。超过 30 亿人的生计依赖于海洋和沿海的多种生物，海洋吸收约 30% 人类活动产生的二氧化碳，缓冲着全球暖化的影响。

二、教学目标

（一）认知领域

（1）学习者了解基本海洋生态、生态系统、食物链等概念，以及它们之间的联系。

（2）学习者了解人们与海洋之间的关系，包括了解海洋在提供食物、工作等方面发挥的作用。

（3）学习者了解海洋系统面临的威胁，认识并能解释一些海洋生态系统的相对脆弱性。

（二）社会情感领域

（1）学习者能够支持可持续的渔业生产。

（2）学习者能够向人们展示人类活动正在对海洋产生的影响，包括生物数量减少、海洋酸化和污染，以及洁净健康海洋的价值等。

（三）行为领域

（1）学习者能够影响从事不可持续海产品生产和消费的群体，并能够反思自身的饮食习惯是否以不可持续的方式使用了有限的海产资源。

（2）学习者能够辨识、评估和购买以可持续方式捕捞的海洋生物，如购买生态认证的产品。

三、阅读材料概要

（一）主题选择

"塑料航游记"是一篇关于海洋被塑料垃圾污染的故事。通过分析塑料垃圾的来源和危害，讲述了如何预防和减少各类海洋污染，特别是陆上垃圾对海洋造成的污染，从而保护海洋生物。故事生动形象，很适合小学生阅读。

（二）内容简介

"塑料航游记"顾名思义，讲的是海洋里的塑料垃圾的来源、数量和带来的极其严重的危害，以及人们采取的应对措施。阅读材料里面的一些插画，如已经从人体的胚胎中检出微塑料、将每年海洋中的 800 万吨的塑料垃圾用 140 万头大象进行比喻等，读来印象深刻。阅读材料还较为全面地概括了海洋垃圾产生的原因，以及对于海洋生态系统、对人类生活产生的影响。最后非常自然地引出来了主题，我们要如何保护海洋，特别介绍了荷兰少年博扬的故事，这是一个极具社会责任感和创新精神的故事，很值得孩子们进一步去了解和学习。

（三）核心问题

塑料制品是我们生活中十分常见的一种物品，它的使用频率很高，材质轻便，成本低。建议结合阅读材料让学生深入研究生活和生产中滥用塑料给人类和自然环境带来的巨大危害，从而自觉少用塑料制品。这篇阅读材料的核心问题是让学生真正理解塑料制品的危害。

四、典型案例设计

（一）主题选择——探究生态瓶

虽然"水下生物"目标是保护海洋资源，但对于大多数生活在内陆的小学生，海洋是一个较为遥远和陌生的环境。本案例结合小学科学五年级"生物与环境"单元的一个生态瓶制作活动，并加以深化和拓展，设计了一系列探究水环境中生物关系的活动。目的是通过引导学生关注身边的水环境，从而发现问题，提出假设，并通过制作、研究生态瓶的活动，尝试去论证假设、解决问题。在自主探究活动中深入了解水中的生物、水生生态系统。为学习理解保护和可持续利用海洋、海洋资源以促进可持续发展打下基础。

（二）设计思路

活动内容	关键能力与学习目标	评价指标
生态瓶的制作（课内活动80分钟）： （1）提出问题。 （2）设计并制作生态瓶。 生态瓶的观察与记录（课外小组活动约两周）。 生态瓶的维护与探究（课内活动40分钟、课外活动约两周）： （1）小组观察、记录并汇报。 （2）实验方案的设计与完善。 （3）小组完成探究实验。	跨学科工作能力： （1）学习者理解有关生态系统、水生生态系统等相关科学概念。理解水是一切生命的源泉，水质的好坏与动物、植物的生存息息相关。 （2）学习运用探究的科学方法。 （3）学习者能够掌握科学严谨的书面与口头叙述方式。	（1）能完成生态瓶设计图。 （2）能完成符合科学探究的实验方案。 （3）能完成学校生态池维护建议书。
	计划与行动： （1）能根据实验方案准备好各种实验材料。 （2）认真完成各项课外活动。	（1）实验方案合理，实验过程细致，有完整的观察记录。 （2）坚持观察与研究，完成生态瓶长时观察记录单。

续表

活动内容	关键能力与学习目标	评价指标
研究结果的发布（课内活动40分钟）： （1）生态瓶的展示与交流。 （2）评出最佳生态瓶。 （3）改善学校的生态池的建议书。	反思与改进行为方式： （1）能进行长时观察与思考。 （2）结合实验提出维护生态池的建议。 （3）思考改进自身的行为方式。	（1）能坚持观察与思考。 （2）提交生态池维护建议书。 （3）联系海洋与人类的关系，反思自身的行为。
	理解与合作： （1）小组分工明确、责任到位。 （2）共同合作维护好生态瓶。	（1）小组活动分工明确。 （2）能倾听他人的意见，并能提出建设性的建议。 （3）生态瓶得到较好的维护。

（三）教学准备

教师准备：

（1）电脑。

（2）制作生态瓶所需的动植物：植物（金鱼藻、浮萍），动物（斑马鱼、黑壳虾、青鳉）。

（3）学生活动的相关任务单：生态瓶设计单（所需动植物及其数量、顺序等）、生态瓶观察记录表。

生态瓶观察记录表

日期	
植物情况	
动物情况	
水质情况	
其他情况	
我的思考	

学生准备：生态瓶容器、洗净的石子、池塘水等。

（四）活动过程

1. 生态瓶的制作（课内活动 80 分钟）

（1）问题的提出

有同学反映校园生态池里的小鱼，隔一段时间就会死掉几条，昨天发现又死了两条。造成小鱼死亡的原因究竟是什么呢？

（2）建立假设

教师呈现生态池的照片。在这个生态池里面有金鱼藻、浮萍、斑马鱼、青鳉、小虾和螺蛳，池底还铺了一层沙子，希望将它建成一个生态系统。

学生仔细观察并思考：造成小鱼死亡的原因究竟是什么呢？

学生的假设：水里的氧气不够（追问：哪些原因会造成水里的氧气不够？）；食物不够（追问：可能是哪些原因引起食物不足的？）；植物太少（追问：太少可能会导致什么？）

教师引导：大家认为这些因素都可能会导致小鱼死亡，那我们有什么办法解决这些问题？并向学校提出有效的建议把我们的生态池建设得更好。

引出主题：做一个生态瓶。模拟和论证我们的假设。

（3）设计生态瓶的方案

学生思考：我们究竟要建一个怎样的生态瓶？预设：跟校园生态池尽量一样。

小组汇报设计方案：生态瓶中要放些什么，各放多少，大家的观点并不一致。主要是同学们都没有办法有充足的理由说服对方。

教师引导：老师帮大家准备了一些资料，是关于校园生态池中植物和动物的特点、生活习性。大家如果能仔细阅读这些资料，就能找到设计的答案和理由。

研讨完善设计方案：方案中分别放了什么、各放了多少，并说出如此设计的理由。这样的设计是否合理，哪些方面还需要调整和改进，为什么？

（4）小组合作制作生态瓶

教师：明确制作要求。强调要按照设计方案制作。

学生：各小组在指定区域开展制作活动。

（5）拓展与延伸

教师指导总结：水是一切生命的源泉，水质的好坏与动物、植物的生存息息相关。当水中溶解氧充足时，鱼类摄食旺盛，生长快；当水中溶解氧过低时，动物活动受阻，严重时可导致动物死亡。因此要利用微生物分解有机物，减少有机物耗氧，保持池水清洁。透明度过小表明水中有机物过多，池水中的耗氧因素过多。建议 3 升水养长约 2～3 厘米的鱼 5～6 条，保证鱼能获得足够的氧气和生存空间。

学生思考：根据老师的指导，制作完成生态瓶是我们探究解决学校生态池问题的第一步。接下来我们应该做什么？

2. 生态瓶的观察记录（课外活动约 2～3 周）

时间：2～3 周，每周观察 2 次。

内容：参见"生态瓶观察记录表"。

3. 生态瓶的维护与探究（课内活动 40 分钟，课外活动 2～3 周）

观察结果汇报：教师根据学生的观察和思考结果，引导学生确定进一步的探究方向。核心指导：关注变量的控制问题。具体设计可以参照科学教材中的探究实验步骤。

探究实验方案设计：学生设计控制变量的方法。

完善方案：小组交流。

4. 研究结果的发布（课内活动 40 分钟）

小组生态瓶展示与交流：每个小组介绍实验情况，并告知结论和困惑。交流和讨论。

评选最佳生态瓶：要根据水质、动植物生长状态等要素设计评分表。最佳生态瓶小组的经验介绍。

提出改善学校生态池的建议书：问题的分析和对策。

5. 教师总结提升

要点：与"水下生物"目标相联系。可以通过视频、图画联系到海洋生态问题：了解基本海洋生态、生态系统、食物链的概念及其关系。了解人们与海洋之间的关系，包括了解海洋在提供食物、工作等方面发挥的作用等。

五、可选择的其他主题

"水下生物"这一目标除了可以结合科学教材中相关的生态系统的内容，还可以与相关的气候内容相联系，如通过对水循环、云的形成等相关知识的学习，理解海洋是重要的气候调节因素，从而进一步理解管理和利用好海洋资源的重要意义。此外，还可以结合相关的地理知识了解海平面上升与即将丧失部分领土的国家；深入了解海洋污染物，如塑料、塑料微粒、污水、富营养物质和化学品等；开展如题为"我们需要海洋还是海洋需要我们"的调查项目。

第十五节

可持续发展目标 15
陆地生物

一、理解可持续发展目标

（一）目标解读

（1）保护、恢复和可持续利用陆地及内陆的淡水生态系统及其服务，特别是森林、湿地、山麓和旱地。停止毁林，恢复退化的森林，大幅增加全球植树造林和重新造林。到2030年，努力建立一个不再出现土地退化的世界。

（2）立即采取紧急重大行动来减少自然栖息地的退化，遏制生物多样性的丧失，保护受威胁物种，防止其灭绝。

（3）立即采取紧急行动，终止偷猎和贩卖受保护的动植物物种，处理非法野生动植物产品的供求问题。在全球加大支持力度，打击偷猎和贩卖受保护物种，包括增加地方社区实现可持续生计的机会。

（4）把生态系统和生物多样性价值观纳入国家和地方规划、发展进程、减贫战略和核算。从各种渠道动员并大幅增加财政资源，以保护和可持续地利用生物多样性和生态系统。

（二）重要意义

从我们吸入的空气，到我们喝的水，再到我们吃的食物——森林在供养我们。地球上约 16 亿人的生计依赖于森林，约 75% 的穷人受到土地退化的直接影响。森林是 80% 以上陆地物种（动物、植物）的家园。

二、教学目标

（一）认知领域

（1）学习者理解有关生态系统、生物多样性等相关科学概念。

（2）能够根据需要设计相关的科学研究实验。

（3）学习者了解目前生态系统面临的多重威胁，包括过度开发和物种入侵等，并能将这些威胁和当地的生物多样性联系起来。

（二）社会情感领域

（1）学习者能够敬畏自然，认同人类是大自然中的一个部分，而不是游离在外甚至于凌驾其上的。

（2）学习者能够据理反对破坏生态系统的做法。

（三）行为领域

（1）学习者能够积极参加当地保护生物多样性的团体组织，如学校或社区的关于生物多样性保护的社团组织。

（2）学习者能够学以致用，积极开展各项活动，宣传保护生物多样性的意义，并身体力行。如坚决抵制贩卖和食用野生动物的行为；对于外来入侵的物种有较高的警惕性；积极开展植树造林、绿化环境等活动。

三、阅读材料概要

（一）主题选择

这一篇主要是关于热带雨林的故事，是关于陆地生物的典型内容。它体现了保护生态系统和生物多样性需要与国家和地方规划、发展进程、减贫战略等统筹规划。

（二）内容简介

阅读材料首先从印度尼西亚的热带雨林因为要种植油棕植物而大量砍伐的事件入手，讲述了热带雨林对于维护生态系统的重要意义。然后自然而然地引入了生物多样性的概念：包括生态系统多样性、物种多样性、遗传多样性和自然景观多样性4个层级。生物多样性既是生物资源丰富程度的体现，也是生物之间及其与环境之间复杂关系的体现。有了之前的铺垫，接下来的内容孩子们就比较容易理解，后面介绍了生物多样性遭到破坏的原因，以及针对现状全世界采取的行动措施。

（三）核心问题

这篇材料帮助学生理解生物多样性和生态系统的概念等。此外，要提升学生对于外来入侵物种的警惕，这个方面对于小学生而言可能比较生疏。

四、典型案例设计

（一）主题选择——做一本关于蜗牛的电子书

这是一个跨学科的项目活动，学生通过研究蜗牛，培养对自然的兴趣、对动物的爱心。通过多媒体软件制作电子书，用实际行动响应联合国关于保护陆地生物的号召。

（二）设计思路

活动内容	关键能力与学习目标	评价指标
开题立项： （1）头脑风暴（课内活动40分钟），独立思考、小组交流，选出最有研究价值的想法。 （2）多媒体读本制作计划（课内活动40分钟），撰写故事提纲；列出影像资料（照片、视频、图画等）。 **项目过程：** （1）任务驱动——探索研究（课外小组活动80分钟），为了讲好你的蜗牛故事，你想知道关于蜗牛的知识吗？开展各项实践研究。 （2）小组合作制作电子书（课外活动80分钟）。 （3）全班交流、反馈修改（课内活动40分钟）。 **项目结题：** 分享（课外活动80分钟）。	**前瞻性的思考和行动：** 学习者能够敬畏自然，认同人类是大自然的一部分。	（1）实验过程中能够小心翼翼地保护蜗牛，完成实验后将蜗牛放回大自然。 （2）平时能积极倡导和践行环保的行为。如家里不买、不吃野生动物；自觉保护社区的一草一木等。
	跨学科工作能力： （1）学习者理解有关生态系统、生物多样性等相关科学概念。并能用科学方法设计相关研究实验。 （2）学习运用多媒体软件制作、展示关于蜗牛的电子书。	（1）实验过程严谨细致，观察记录完整，且方法多样，如有视频、照片、绘画和文字等。 （2）编写的蜗牛故事生动、有趣。 （3）完成电子书的制作。
	计划与行动： （1）能根据设计的实验准备好各种实验材料。 （2）学生能够根据制作电子书的需要，罗列各种资料收集目录。 （3）制作电子书的提纲。	有条理清晰的故事制作计划：包括收集资料的目录，故事编写策划纲要。
	理解与合作： （1）小组交流电子书的编写。 （2）全班交流电子书的编写。	（1）小组活动分工明确。 （2）能倾听他人的意见，并能提出建设性的建议。 （3）分享完整的关于蜗牛的电子书。

（三）教学准备

教师准备：

（1）电子书制作工具：相关电子书制作软件、App 等。

（2）蜗牛的身体结构图；介绍蜗牛的网站或者书籍。

（3）学生活动的相关任务单。

学生准备：

实验前按照要求准备相关材料。

（四）活动过程

1. 开题立项（课内活动 80 分钟）

（1）头脑风暴（40 分钟）

独立思考：你在什么地方见过蜗牛（公园、街道等）？你注意到蜗牛的哪个部位了？你对它最感兴趣的是什么？谈谈你的经历。请将尽可能多的对蜗牛的感受写下来，并把你的经历编成 1～2 个故事。

（提示：当我看到蜗牛慢慢探头探脚地爬过来时我觉得很紧张，特别是它的触角转来转去的有点可怕；我觉得蜗牛很有趣，它的外形和我们完全不同，我也不觉得它的黏液很恶心。）

小组交流，选出最佳故事，并把选出的最佳故事讲给老师听。

需要交流并回答如下问题：在这个故事中，哪个环节是最重要的？从中你学到了或注意到了什么？这个故事给你带来了什么样的感受？

（2）多媒体读本制作计划（40 分钟）

撰写故事提纲；列出所需影像资料（照片、视频、图画等）。

2. 项目过程（时间不限，采用课内外相结合的方式）

（1）探索研究（课外小组活动 80 分钟）

要能写好蜗牛的故事，很重要的一点我们要真正了解蜗牛。从现在起，你就是一个蜗牛研究者（项目学习活动中，知识是工具）。

活动 1：认识和了解蜗牛的结构。观察并认识它的身体的各部分组成；上有关的网站或者阅读有关书籍来进一步了解它。

活动 2：实验探究蜗牛各部位的结构和功能，如触角的功能、摄食和运动方式等。教师可以根据学生兴趣，设计多种多样的实验活动，如蜗牛的摄食。

① 蜗牛的摄食知识：喜欢新鲜的蔬菜和水果，用长满细齿的齿舌刮取食物。

实验材料准备：蜗牛、玻璃瓶、玻璃板和放大镜。

实验过程：听——将一小块苹果放进一个装有蜗牛的玻璃瓶中，等到蜗牛发现并开始摄取苹果时，将耳朵贴紧瓶口倾听。看——将一小块苹果使劲在一块玻璃板上摩擦，然后将一个蜗牛放在玻璃板的苹果泥上，从另一面观察蜗牛的摄食运动和齿舌。触——将面粉、糖加水混合成黏稠物，将黏稠物抹在手上，再把蜗牛放在手上，感觉它的齿舌。

② 蜗牛的爬行知识：腹面有扁平宽大的腹足，行动缓慢，足下分泌黏液，降低摩擦力帮助行走。蜗牛在爬行时，还会在地上留下一行黏液，这是它体内分泌出的一种液体，即使爬行在刀刃上也不会有危险。其实，蜗牛是爬行在它自己的黏液上的。

实验材料：蜗牛、玻璃板、砂纸、刀和尺子。

实验过程：将一只蜗牛放在玻璃板上，等它开始爬行时，将玻璃板反过来观察它的腹足底部。不用担心它会掉下去，它的黏液将它牢牢地吸附在玻璃板上。

将蜗牛分别放在一张砂纸和一张普通纸上，让它分别爬行一分钟。分别测量它们的爬行距离。

（备注：教师在实验前要提醒孩子们认真阅读有关资料。实验过程要小心谨慎，不使蜗牛受到伤害，在保护动物的基础上尽量达到实验观察的效果。用视频、照片、文字、图画等多种方式记录实验过程。为编写电子书收集足够多的材料。）

（2）小组创作故事书（课外活动 80 分钟）

任务 1：编写故事脚本。

写下你们想向朋友介绍的关于蜗牛的故事；修改你们的故事，特别是第一句话必须吸引人。尝试将你们的故事变得有趣。

任务 2：根据故事进行资料整理。

收集照片、视频和图画。用软件编辑资料，录制音频。

任务 3：完成电子书的版面策划，可以填写如下表格。

电子书大纲

呈现形式＼页码	1~2 页	3~4 页	5~6 页
音频			
照片			
视频			
文本			
图画			

任务 4：运用软件制作完成故事书。

（备注：教师要先让学生学习和掌握相关软件的使用方法。）

（3）项目结题

全班交流互动（课内活动 40 分钟）

任务 1：向老师和其他同学展示你们的电子书。

任务 2：倾听同伴并思考。

① 你特别喜欢这个故事中的哪个环节（点）？

② 对于书的制作你有什么好的建议？

③ 有什么要改进的地方？

④ 从中你学到了什么？

任务 3：反思自我。

① 自己最满意的地方是什么？

② 整个过程你都学到了些什么？

③ 最有挑战的是什么？

④ 如何改进？

五、可选择的其他主题

对于小学生而言，"陆地生物"这一目标，可以充分结合科学教材，最重要的就是相关的生态学知识：竞争、捕食者－猎物、群落等。可以研究一下特定生态系统，也可以充分利用校园进行生态系统的研究。小学生对入侵物种的概念比较生疏，可以结合生态系统主题进行教学。研究物种灭绝的危险，如个别濒危物种、为何会出现灭绝现象等。还可以联系气候变化与生物多样性、人类与自然的联系等进行研究。基于以上的内容，可以设计一些活动，如对本地动植物进行摸底调查，是否存在入侵物种扩散问题。在校园或社区栽种蜜蜂等昆虫喜爱的植物、建造"昆虫旅馆"；为鸟类建筑鸟巢和水塘等。

第十六节

可持续发展目标16
和平、正义与强大机构

一、理解可持续发展目标

（一）目标解读

当今世界冲突不断，安全形势严峻，机构能力不足，人们诉诸司法的渠道有限。这些问题仍然是可持续发展的重大威胁。对此，联合国提出了以下具体目标：

（1）在全球大幅减少一切形式的暴力和相关的死亡率。制止对儿童进行虐待、剥削、贩卖以及一切形式的暴力和酷刑。

（2）在国家和国际层面促进法治，确保所有人都有平等诉诸司法的机会。

（3）大幅减少一切形式的腐败和贿赂行为。在各级建立有效、负责和透明的机构。确保各级的决策反应迅速，具有包容性、参与性和代表性。

（4）扩大和加强发展中国家对全球治理机构的参与。到2030年，为所有人提供法律身份，包括出生登记。

（5）根据国家立法和国际协议，确保公众获得各种信息，保障基本自由。

（6）通过开展国际合作等方式加强相关国家机制，在各层级提高各国尤其是发展中国家的能力建设，以预防暴力，打击恐怖主义和犯罪行为。

（7）推动和实施非歧视性法律和政策以促进可持续发展。

（二）重要意义

可持续发展目标 16 旨在建设和平、公正与包容的社会，并为此提供相应的支持。实现可持续发展目标需要和平、公正与包容的社会。所有人都不应感到恐惧。为推进可持续发展目标，我们需要有效和包容的公共机构，它们能提供优质的教育、普惠的医疗服务、公平的经济政策及包容性的环保措施。

二、教学目标

（一）认知领域

（1）学习者了解公正、包容及和平的概念。

（2）学习者认识到校园霸凌是一种暴力侵害儿童的行为，知道校园霸凌的概念、类型和表现。

（3）学习者意识到个人和群体在维护公正、包容与和平方面的重要性。

（二）社会情感领域

（1）学习者能够反思校园霸凌现象，以及这种现象中体现的人的本性。

（2）学习者能够同情和声援那些遭受不公正待遇的人。

（3）学习者能够反思他们在推动和平、公正方面起到的作用。

（三）行为领域

学习者能够据理反对校园霸凌等不公正的行为，做出推动和平、正义的决策。

三、阅读材料概要

（一）主题选择

对这个目标的总体描述为"创建和平、包容的社会以促进可持续发展，让所有人都能诉诸司法，在各级建立有效、负责和包容的机构"。该阅读材料能让学生了解战争带来的严重后果，以及人类为和平与发展而出台的一些举措，比较适合低、中年级的小学生阅读。

（二）内容简介

"脚下一平方"以拟人的手法，从一片土地的自述开始，描述了战争给土地带来的伤害，指出战争不仅毁灭了生命，还带来疾病、伤痛，产生战争垃圾与严重的环境污染。阅读材料列举了人类的一些和平举措，如设立国际和平日、维和部队等。最后，还设置了一项任务，要求学生为世界和平日设计一个标识。

（三）核心问题

当今世界，从国际形势来看，国家之间各种矛盾和冲突此起彼伏，安全形势严峻，有些国家依然在经历战争；从一些国家的社会形势来看，不同地区、不同民族之间也存在各种矛盾和冲突；即使是在校园中、家庭内部，也并非平静如水。这一主题对小学生来说，既是陌生的，如国际冲突；又是熟悉的、有亲身体验的，如校园霸凌、家庭矛盾等。因此，这一主题对学生的成长来说非常重要。这一主题关键是要让学生对冲突与矛盾有亲身的体验，理解为什么有各种对峙、暴力、伤害存在，知晓如何保护自己、保护他人。对于高年级的小学生，要能够维护自身与周围的和平、正义。

四、典型案例设计

（一）主题选择——校园霸凌

这个活动由校园霸凌大调查、校园霸凌大讨论两项内容组成，帮助学生认识校园霸凌，从而理解、体悟暴力、霸凌就在我们身边，我们每个人都有责任来维护和平、正义。

（二）设计思路

活动内容	关键能力与学习目标	评价指标
活动1：校园霸凌大调查 （1）教师引入小珍的故事。 （2）学生分组讨论。 （3）学生填写"校园生活调查表"，并讨论调查的结果。	**国际视野：** 学习者能够在复杂的社会结构下认识各种冲突和矛盾，以及它们所带来的歧视、暴力和人身伤害。	学习者能够对世界安全形势与冲突做出正确的评价。
活动2：校园霸凌大讨论 （1）教师解释霸凌行为的定义和霸凌行为的类型。 （2）学生对照活动1中调查表后的几个问题，反思自己对"校园霸凌"认识的改变。 （3）学生讨论如何应对"校园霸凌"，并形成班级公约。	**理解与合作：** 学习者能够理解他人并接受不同的视角，能够表达自己的想法和建议；学习者能够与他人合作完成小组任务。	学习者能够倾听别人的观点，观察不同立场的人的表现。
	激励自我与他人： 学习者能够设身处地地考虑他人的遭遇、心理状况等，具有同理心；学习者能够支持他人反抗不公正的对待。	（1）学习者能够体察受霸凌同学的感受，例如，安慰受人欺负的同学。 （2）学习者能够勇于拒绝不合理的侵害或暴力，例如，在受到校园霸凌时向相关部门求助。
	反思与改进行为方式： 学习者能够反思自己及他人的生活方式，以及对社会和环境的影响。	（1）学习者能够反思自己的行为，例如，曾经对校园霸凌冷眼旁观的同学，现在能够站出来维护正义。 （2）学习者能够尊重他人平等表达的权利。

（二）活动准备

教师准备：各项调查表。

（三）活动过程

1. 活动 1：校园霸凌大调查

（1）引入小珍的故事：

小珍的故事

每天早上只要想到上学，小珍的胃就不由自主地揪在一起，心宛如被一块大石头压着，她很不想去上学，到学校就会看到那一群讨厌的人，但她却不敢请假或逃学。

她是发育得早一些，又遗传到妈妈的壮硕身材，这已经让她很难过了，没想到这让她成为班上男生取笑的对象。班上一个学生看到她就说："大屁股，你好啊！大屁股，摇摇摇！"

阿彦在上课时还会四处传阅写着"王小珍是大奶妈，跑步的时候两颗球晃来晃去"的纸条，班上同学看了以后，都议论纷纷，小珍气得真想大骂阿彦一顿，却又拿他没办法。她尽量穿宽松的衣服，他们却又笑她像个大布袋，叫她"女泰山"。

她曾经向老师反映过，老师也处罚了他们，可是事与愿违。现在他们开始联合起来捉弄她，拿她的文具、继续嘲笑她，甚至还说她开不起玩笑，喜欢打小报告。

小珍想：如果每天都放假不用上学，那该有多好！

（2）读了《小珍的故事》以后，请同学们分组讨论以下的问题：

① 故事中的小珍遇到了什么烦恼？

② 如果你是小珍，你会怎么想？

③ 如果你是小珍，你会怎么做？

④ 如果你是班上的其他人，你也会嘲笑或是捉弄小珍吗？为什么？

（3）学生填写"学校生活调查表"，了解学生是否见过或听过类似小珍遇到的事情。

学校生活问卷

程度 问题	我看到或听到的				我自己遭受过				我对同学这样做			
	从来没有	偶尔发生	经常发生	天天发生	从来没有	偶尔发生	经常发生	天天发生	从来没有	偶尔发生	经常发生	天天发生
1. 有同学被推倒或被殴打。												
2. 有同学被一群人殴打。												
3. 有同学被取不雅的绰号。												
4. 有同学用脏话骂其他同学。												
5. 有女同学被掀裙子。												
6. 有男同学被摸生殖器或拉裤子看内裤。												
7. 有同学嘲笑他人的外表或长相。												
8. 有人讲黄色笑话。												
9. 有同学在背后传其他同学的谣言或八卦。												
10. 有同学因成绩不好被嘲笑。												
11. 有同学被恐吓或勒索（强迫借取钱财）。												
12. 有同学被孤立或排挤（用话语或行动让别人不喜欢某位同学或不和其做朋友）。												
13. 有同学被人在网站上散布谣言。												

续表

程度 问题	我看到或听到的				我自己遭受过				我对同学这样做			
	从来没有	偶尔发生	经常发生	天天发生	从来没有	偶尔发生	经常发生	天天发生	从来没有	偶尔发生	经常发生	天天发生
14. 有同学被关厕所。												
15. 有同学的书包或物品被故意丢到地上。												
16. 有同学被强迫帮别人买东西、做作业或分摊工作。												
17. 有同学被硬抢玩具。												
18. 其他。												

在上面这些行为里，我觉得目前校园中最严重的三项是（依严重程度填写编号）：

当我是旁观者时（看到或听到这些事情），我感觉（可以复选）：
（1）愤怒生气 （2）害怕或恐惧成为下一个被害者 （3）觉得有人被修理而高兴
（4）不知道怎样帮助受害同学而觉得悲伤难过 （5）有罪恶感 （6）没有感觉
（7）其他

当我自己遭受这些事情时，我感觉（可以复选）：
（1）愤怒生气 （2）害怕恐惧 （3）不知道怎么反抗而觉得悲伤难过 （4）有罪恶感
（5）自卑，责怪自己 （6）没有感觉 （7）其他

当我对同学做这些事情时，我感觉（可以复选）：
（1）得意高兴 （2）有成就感，有面子 （3）害怕被人知道，但是还是忍不住想做
（4）有罪恶感 （5）没有感觉 （6）其他

当我看到或听到这些事情（有同学被欺负）时，我通常会如何处理？

当我自己遭受这些事情（同学欺负我）时，我通常会如何处理？

（4）学校生活问卷结果讨论。

2.活动2：校园霸凌大讨论

（1）在活动1的基础上，教师引入霸凌行为的定义和霸凌行为的类型。

校园霸凌指一个学生长时间、重复地暴露在一个或多个学生主导的欺负、骚扰中，被锁定为欺凌对象的情形。不管是肢体上的踢、打，言语上的嘲弄、威吓，或是关系上的排挤，身体、性别上的取笑或评论，都被视为霸凌。校园霸凌具有"长时间""重复性""针对性"及"权力差距"四个特征。

（2）教师呈现校园霸凌的类型，让学生进一步认识校园霸凌的各种表现。

（3）引导学生重新思考活动1"校园霸凌大调查"中的问题。

（4）让学生分组讨论，如何应对校园霸凌（拒绝、求救、支援等）。

（5）学生分组讨论形成"杜绝校园霸凌"的"班级公约"。

五、可选择的其他主题

关于"和平、正义与强大机构"这一目标，还可以选择以下主题来探索：调研与战争、和平和难民有关的全球条约和协定；设计"什么是公平（公正）"的海报，讨论公正问题的历史和文化背景。

第十七节

可持续发展目标 17
促进目标实现的伙伴关系

一、理解可持续发展目标

（一）概念解读

一项成功的可持续发展议程，要求政府、民间部门与社会建立包容性的伙伴关系。这些包容性伙伴关系基于原则和价值观，建立在以人与地球为中心的共同愿景和目标之上。不论在全球层面、国家层面还是地方层面，这些包容性伙伴关系都是不可或缺的。我们迫切需要采取行动，联合各个国家的力量，变革陈旧的体制与系统，建设与加强新的国际秩序，以实现可持续发展目标。

（二）重要意义

可持续发展目标 17 旨在建设全球范围内可持续发展的伙伴关系。要实现可持续发展目标中的任一目标，无论是消除贫困，还是减少不平等，或是防治气候变化，建设和平、正义的世界，我们需要每一方——政府、民间组织、企业等的精诚合作，以实现可持续发展目标。现在比以往任何时候都更需要强有力的国际合作，确保各国有办法从新冠病毒肺炎疫情中恢复，重建美好的家园，并实现可持续发展目标。

二、教学目标

（一）认知领域

（1）学习者能够了解全球治理等概念。

（2）学习者能够了解战争与和平、贸易、全球化等国际问题，认识不同国家间相互联系和相互依存的关系。

（3）学习者能够了解全球多利益相关伙伴关系和共担可持续发展责任的重要性，了解国际合作组织和全球伙伴关系的实例。

（二）社会情感领域

（1）学习者能够理解可持续的全球愿景。

（2）学习者能够反思全球合作伙伴关系，反思各国的利益诉求与共同价值。

（3）学习者能够对具有共同价值观和责任，并立足于人权的人类共同体产生归属感。

（三）行为领域

（1）学习者能够主动参与角色扮演，体验国际合作。

（2）学习者能够参与国际时事和全球议题的讨论。

（3）学习者能够为发展合作活动提供支持，在个人和生活中与他人积极合作，共同完成任务。

三、阅读材料概要

（一）主题选择

促进目标实现的伙伴关系是联合国可持续发展目标中的最后一个目标，总体描述为"加强执行手段，重振可持续发展全球伙伴关系"。要成功执行《2030年可持续发展议程》，我们必须立即由承诺转为行动。为此，我们需要在各级建立牢固、包容和全面的伙伴关系。国际合作的种类和表现形式是多种多样的，各个国家在政治、军事、经济、文化、科技、体育、艺术、卫生、环境等方面都有广泛的国际合作。对于小学生来说，国际合作的主题比较陌生。他们或许从电视新闻、报刊上看到过国际合作的有关新闻，但是对国际合作是如何运行的，各方利益如何协调，如何达成一致决议等了解得比较少。该阅读材料能让学生了解比较有代表性的国际组织，比较适合低、中年级的小学生阅读。

（二）内容简介

"危险的'星星'"从太空垃圾切入，指出仅依靠一个国家的力量无法真正解决太空垃圾的难题，需要国际社会协同合作，在技术上实现交流共享，在规则标准上需要各国协商制定统一的太空"交规"。然后阅读材料列举了有代表性的国际合作组织。最后，阅读材料设置了一项互动任务，请学生以小组合作的形式，拍摄与"垃圾"相关的视频短片。

（三）核心问题

促进目标实现的伙伴关系这一主题，关键是要让学生理解国际合作，让学生体验这种合作的过程及这种合作带来的结果。对于高年级的小学生，还需要深层次地了解国际合作背后的推动力。

四、典型案例设计

（一）主题选择——模拟联合国大会

这是一个通过角色扮演的方式来仿效联合国大会的过程，帮助学生了解多边外交、联合国决策经过，引导学生关注全球公民议题的学习活动。以"重塑教育未来：新挑战与新模式"议题为主题，学生了解联合国的议事规则，经历议题的信息收集与讨论、撰写声明与立场的文件，并经过讨论达成一致的过程。通过这一过程的体验，学生获得一定的国际合作经验，以及与不同利益相关者、不同观点立场的人沟通交流的技能。

（二）设计思路

活动内容	关键能力与学习目标	评价指标
第一阶段：模拟联合国活动介绍 认识模拟联合国大会，熟悉议事规则；选出模拟联合国大会主席与秘书。 **第二阶段："重塑教育未来：新挑战与新模式"议题探讨** 教师引入议题，提供问题的清单，学生查找与整理信息，了解议题的基本信息。	**国际视野：** 学习者能够了解世界时事，以及不同国家的利益诉求与全球和平共处的需要；能积极参与国际事务和全球公民议题的讨论。	学习者能够阐述近期国际上发生的重大事件，对国际时事有一定了解。
	前瞻性的思考与行为： 学习者能够通过分析信息形成证据，预知可能的发展；能够构思、表达对未来的期待。	（1）学习者能够参与完成"代表国的国情信息表"。 （2）小组能根据代表国的国情信息得出本国的立场，并提供充分的证据。 （3）学习者根据各国的国情信息和诉求，预测会议讨论的结果。

续表

活动内容	关键能力与学习目标	评价指标
第三阶段：角色分配，立场准备 确定联合国大会与会国，按照与会国分组，各小组收集代表国家的地理、政治、经济、文化等背景资料。 **第四阶段：撰写立场声明与决议** 各小组撰写演讲报告，小组合作完成参会的演示文稿，演练会议发言过程。	**理解与合作：** 学习者能够理解他人并接受不同的视角，能够表达自己的想法和建议；能够斡旋、游说他人接受自己的立场和观点；能够与他人合作完成小组任务。	（1）学习者能够参与联合国大会的国家演讲准备。 （2）全班共同完成一份决议书。
第五阶段：模拟联合国大会 准备好场地，按照会议流程展开辩论和磋商，最后投票表决形成决议。	**计划与行动：** 能够针对目标设计行动的方案；知晓通过何种途径落实计划，达成自己的目标。	学习者能够合作完成自己小组的任务，从填写国情信息表、角色分配到国家演讲。

（三）活动准备

教师准备：

（1）模拟联合国大会流程。

（2）相关信息表。

（3）模拟联合国大会的场地。

学生准备：

（1）电脑等信息搜索工具。

（2）和教师一起准备模拟联合国大会的场地。

（四）活动过程

各类组织、机构举办的模拟联合国大会流程不尽相同。本活动旨在帮助学生打开国际视野，用国际眼光思考问题、讨论问题。

第一阶段：了解模拟联合国大会的过程与投票程序

（1）教师介绍联合国大会的背景，播放模拟联合国大会的短片，引起学生的学习兴趣。

（2）教师呈现会议流程，并讲解每一个步骤，学生参与讨论。

（3）教师讲解议事规则和投票程序。

（4）在此基础上，班级投票选出模拟联合国大会的主席与秘书。

```
                  Roll Call（点名）
                          │
                  Debate（辩论）
                    ╱        ╲
        Speech/              Caucus
    Formal Debate        （非正式辩论）
    （国家演讲/            ╱        ╲
      正式辩论）    Moderated Caucus   Unmoderated Caucus
                  （有组织核心磋商）    （自由磋商）
                    │        ╲        ╱
              Closure of Debate（结束辩论）
                          │
              Voting Procedure（投票表决）
                          │
              Resolution（形成决议）
```

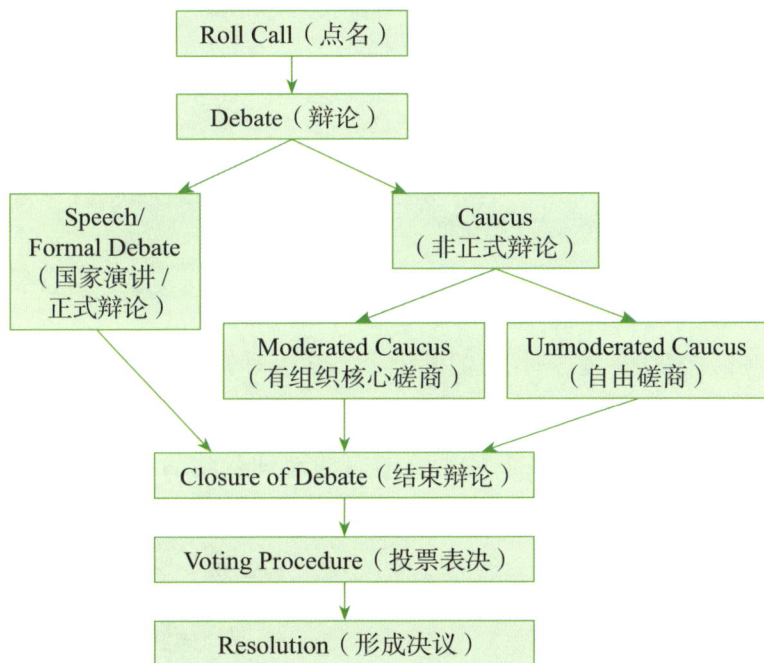

第二阶段："重塑教育未来：新挑战与新模式"议题探讨

（1）教师引入议题

我们生活在充满艰巨挑战的时代。全球秩序正在发生深刻的转变。当此关键时刻，对教育提出了考验，也对联合国等国际组织提出了重大考验。

（2）为了更有效地讨论这一议题，教师列了一张清单，学生分组查找信息，以获得预备知识。

教育相关信息清单

问题	结论
世界人口受教育程度	
世界各国的教育体系	
教育解决了哪些问题	
目前的教育不能解决的问题	
我们希望教育解决哪些问题	

第三阶段：角色分配，各国立场准备

（1）在第二阶段对议题探讨的基础上，学生对教育面临的问题已经有基本的认识。在此阶段，全班商议联合国会议参与国，并按照参与国进行分组。

（2）引导学生收集自己小组代表国家的地理、政治、经济、文化背景资料，思考代表国的处境和立场。

代表国的国情信息表

项目	数据 / 事实
代表国家	
国家的地理位置特征	
国家的人口与民族成分	
国家的政治体制	

续表

项目	数据 / 事实
国家在国际上的地位	
国家的经济实力	
国家的历史与文化（有代表性的关键事件，有代表性的文化特征）	
国家的教育状况	
本国教育面临的挑战	

（3）召开国情汇报会，学生分组展示自己所代表国家的基本国情，并在此基础上，阐述国家对议题的立场，提出政治、经济、文化等方面上的证据。

（4）小组完成汇报后，教师和其他学生对汇报材料提问，并提供反馈建议。

（5）小组再次完善所代表国家的信息收集与整理。

第四阶段：撰写立场声明与决议，演练

本次模拟联合国大会，设定学生需完成两份正式的文件：国家演讲报告和决议，国家演讲报告由每一小组完成，决议由全班经模拟联合国大会讨论、表决后生成。

（1）国家演讲报告，即各国发表代表本国立场的简短演说，演说内容必须立场鲜明，切中要点，有理有据，简洁有力。

（2）决议书的拟定是联合国大会的重要成果。决议书的产出，需经过各国谈判、协商，共同将讨论提案转化为文字，写成正式议案。在此阶段，教师可以介绍与解说决议文的撰写规则、格式，并提供参考范例，帮助学生熟悉如何组织一篇决议书。

第五阶段：模拟联合国大会

（1）场地准备：模拟联合国大会开始之前，教师和学生一起共同准备场地，如果是在教室中进行，可以将课桌椅重新安排布置，以更好地呈现会议模式。教师需检查电脑、大屏幕投影仪、扬声器等设备是否正常可用。

（2）联合国大会开始，由联合国大会秘书主持会议，联合国大会主席致开幕词，各组按照位置就座。

（3）联合国大会秘书按照如下流程展开会议的讨论。

正式辩论（Formal Debate）：主席团经过排序形成一份演讲者名单，各个国家的代表按照名单次序向全体委员发表演讲。

有组织核心磋商（Moderated Caucus）：在这个环节里，代表们通过动议提出关于议题的分支话题，并围绕该话题进行讨论。应基于调研资料和本国立场，明确阐述本国对该分支议题的想法或预期目标。有组织核心磋商的话题、总时长、各代表发言时间由提出此动议的代表规定，其他代表可通过再次提出动议来更改发言人或时长。有组织核心磋商是一种规则性极强的发言方式，也是代表们正式公开表达自己意见的机会。代表们在有组织核心磋商时，通过辩论、斡旋或游说，获得与会国的支持，达成自己国家的目标。

自由磋商（Unmoderated Caucus）：在这个环节里，代表们可以离开座位进行自由的交谈，其形式相对正式辩论和有组织核心磋商来说更加自由。自由磋商的主要目的是进一步了解他国立场观点、结成国家集团并商讨决议的内容。

形成决议（Resolution）：在一轮轮辩论、谈判过后，代表们形成决议草案并提交，在对通过审核的草案进行讨论与投票之后形成正式的议案。

五、可选择的其他主题

关于"促进目标实现的伙伴关系"这一目标，还可以选择以下主题来探索：政府、企业和民间组织之间的全球可持续发展伙伴关系，它们的公共责任及不同行为体之间可能出现的冲突；可持续发展的全球治理和政策，以及全球市场和贸易体系。

参考文献

［1］钱易，唐孝炎 . 环境保护与可持续发展 [M]. 北京：高等教育出版社，2000.

［2］赫克尔，斯特林，王民等 . 可持续发展教育 [M]. 北京：中国轻工业出版社，2002.

［3］李久生 . 环境教育论纲 [M]. 南京：江苏教育出版社，2005.

［4］梁晓芳 . 美国中小学环境教育实践探析——以威斯康星州为例 [D]. 重庆：西南大学，2010.

［5］巴克教育研究所，任伟 . 项目学习教师指南：21 世纪的中学教学法 [M]. 北京：教育科学出版社，2008.

［6］陈晓萍，潘瑶珍 . 小学可持续发展教育——基于中德合作研究的课程设计与教学 [M]. 杭州：西泠印社出版社，2019.

［7］史根东 . 可持续发展教育的理论研究与实践探索 [J]. 教育研究，2003(12)：44-50.

［8］钱丽霞 . 可持续发展教育的历史演进与价值分析 [J]. 上海教育科研，2006(2)：27-29.

［9］张学岩 . 教师可持续发展教育能力的建构 [J]. 北京教育学院学报，2019(6)：41-47.

索 引

致　谢

　　2022 年的冬季奥运会在北京成功举办，国际奥委会主席巴赫评价这是一届无与伦比的冬奥会，在这里，全世界的运动员欢聚在一起，比赛竞技的同时也享受了一场盛会。"together for a shared future"是本届冬奥会的口号，为了一个全人类更好的未来、每个人更好的未来，可持续发展成为了我们必须关注与实现的。

　　可持续发展事关人类共同的福祉，书中的文字寄托着我们对于人类命运共同体可持续、健康、良好发展的美好愿望。相信在大家的共同努力之下，人类定能走向可持续的未来。最后，感谢为本书提供专业经验与意见的组织和机构，也希望更多人能加入到可持续发展教育与实践的行列中来！